AF289825

Herstellung: Libri Books on Demand

ISBN 3-89811-393-0

Inhaltsverzeichnis :

KOMPETENTE MEINUNGEN ZU DIESEM BUCH

1) Vom Manuskript sind wir sehr angetan, bes. die menschlichen Züge der dargestellten Personen wurden eindrucksvoll und bewegend geschildert.

   Das Manuskript ist mit Herz, auch für den Laien sehr interessant geschrieben.
2) Sehr sorgfältig recherchiert! Eine große Fleißarbeit! Interessant nicht nur für Ärzte und Berliner!
3) Werner Podszus wagt mit der Niederschrift seiner Erinnerungen ein spannungsreiches Miteinander, eine lehrreiche Kombination aus   Lebens-, Zeit- und medizinhistorischer- Entwicklungs-geschichte. Er meint in diesem ganz spezifischem Zusammenhang die historische Darstellung der Charité, dem wohl bedeutendsten Lehrkrankenhaus Deutschlands in der ersten Hälfte des 20.Jahrhunderts.
   Und diese Kombination aus Lebensgeschichte vor dem Hintergrund katastrophaler politischer und spannender medizinischen Entwicklungen, diese Kombination, sie trägt.
   Podszus schildert vor allem die großen Koryphäen der Charité-Geschichte, mit denen er das Glück hatte, zusammenzuarbeiten, besonders aber von ihnen lernen zu können.
   Zuweilen anekdotenreich und lebendig wirken seine Geschichten aus der hohen Zeit der Medizin, die zugleich eine Mangelverwaltung war, authentisch und lebensecht; nicht zuletzt diese lebensechten und liebenswerten Schilderungen sind es, die dieses Buch von Werner Podszus auch für Nichtmediziner interessant erscheinen lassen.
4) Ich habe es in einem Zug gelesen. Es ist flüssig und mit sehr viel Herzblut geschrieben. Unter den Kundigen, aber auch unter den gewöhnlichen Sterblichen, wird es seine Leser finden.
5) Der Autor besuchte mit seinem Manuskript den Verleger, der sofort sagte :
   "im Augenblick habe ich aber keine Zeit, es zu lesen". Am gleichen Abend rief er an und meinte, er hätte reingeschaut und nicht aufgehört, bis zum Schluß zu lesen. Er stellte fest : „Das Buch muß gedruckt werden".
   Reich-Ranicki bemerkte in einem Interview : "ein Buch, dass mich nicht langweilt, ist gut!"
   ### *DAS BUCH LANGWEILT NICHT*

VORWORT

Der Verfasser, Jahrgang 1923, ist als Sohn eines Wissenschaftlers und
berühmten Erfinders, Träger der großen goldenen Erfindermedaille
der Stadt Nürnberg, in einem Vorort Berlins geboren.

Durch seine internationalen Verbindungen und seine liberal-human-
istische Einstellung hatte der Vater eine kritische Haltung dem NS-
Regime gegenüber und ahnte die Entwicklung im Voraus. Diese Einstellung übertrug er dem Verfasser, der mit wachem Geist die Zeit
erlebte.

1941 leistete er den Arbeitsdienst ab und begann anschließend mit
dem Medizinstudium.
1943 wurde er zum Militär eingezogen; zu einer Zeit, als der Krieg
schon als verloren galt.

In Rückbesinnung an diese Lebensperiode und die folgende Zeit, die
er 1944/45 in Berlin - zur Studentenkompagnie in die Charité abkommandiert - erlebte, schrieb er als 23 jähriger den nicht veröffentlichten
Tagebuchroman : 'Der Soldat, der den Krieg nicht wollte'. Neben

zahlreicher weiterer Literatur konnte er auf diesen Fundus zurück-
greifen.

Er hat sein gesamtes Medizinstudium an der Charité absolviert und
damit alle, in dieser Zeit lehrenden berühmten Mediziner, z.T. in
enger Beziehung wie z.B. zu Prof. SAUERBRUCH oder Prof.
BRUGSCH erlebt.

In dem Gedanken, dass es ohne Vergangenheit keine Gegenwart und
keine Zukunft geben würde, hat der Verfasser die Geschichte der
Charité von Anbeginn bis heute in Verbindung mit dem Zeitgesche-
en niedergeschrieben.

Das Buch ist eine medizin-geschichtliche, humanistische Darlegung
von Ereignissen und Gedanken, die nicht nur für den medizinisch Interessierten Bedeutung haben dürfte. Es ist Zeitgeschichte und Zu-
kunftsschau.

Ein ganz besonderer Dank des Verfassers gilt seiner Dackel-Hündin
'Celli', die ihn immerwieder anstupste und tat als ob sie sagen wolle:
'Du fauler Bursche, immer noch nicht fertig - mach weiter!' Wären
alle Menschen so treu und liebevoll wie Celli, gäbe es sicherlich
Frieden auf unserer - noch - schönen Erde, und manches Kapitel hätte
nicht geschrieben werden können, und geschrieben werden müssen!

Der Autor bei der Arbeit

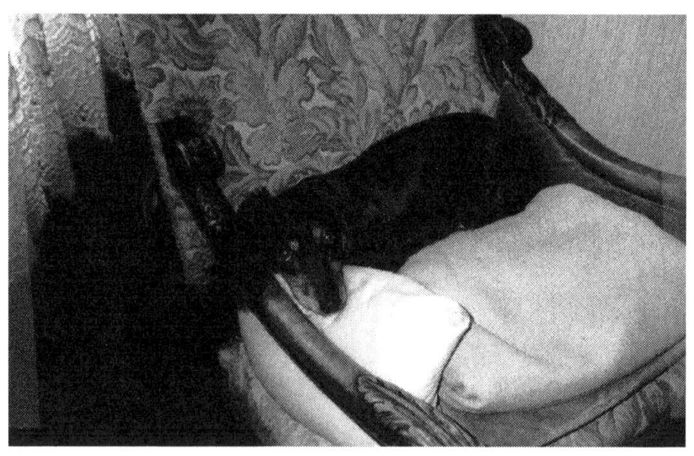

„Celli" wartet auf Herrchen

1. Ein Blick zurück

Altehrwürdige Charité! "Haus der Barmherzigkeit". Durch ihre
Pforten sind Hunderttausende von Menschen gegangen oder gefahren
worden: Patienten, Ärzte, Pflegepersonal und Verwaltungsangestellte.
Ängste, Bangen, Hoffen, Verzweiflung, erneutes Leben oder Tod,
aber auch große Hilfsbereitschaft und verantwortungsvolle, schwere
Arbeit haben sich in ihren Mauern abgespielt.

Ohne Vergangenheit, gewisse Traditionen und Erfahrungen gibt es
selten eine Zukunft. Wer das Wissenskapital der Vergangenheit nicht
in seine Zukunft übernimmt, hat aus ihr nichts gelernt.

1709 und 1710 kam - von Polen ausgehend - eine große Pestepedimie
auf Preußen zu. Um ein Übergreifen auf Berlin in Grenzen zu halten,
wurde 1710 auf Veranlassung von Friedrich dem Ersten in Spandau -
damals ein Vorort Berlins - eine Auffangstation errichtet. Man nannte
es das 'Pesthaus', und um 1800 wurde es Militärlazarett.

1713 erfolgte durch Friedrich Wilhelm dem Ersten der Bau eines
'Theatrum anatomicum'. Interessant war, dass nicht wie üblich in
lateinischer Sprache die Demonstration vogeführt wurde, sondern in
deutscher Sprache. Außerdem durften auch Nichtmediziner daran teilnehmen; gern wahrgenommen von sensationsbegierigen Bürgern.

Der folgende Akt zur Gründung der Charité erfolgte durch die
Eröffnung eines Bürgerspitals im 'Spreebogen' im Jahre 1727.
Die Notwendigkeit einer baldigen Erweiterung ergab sich aus der
wachsenden Bevölkerungszahl Berlins. Dem 'Alten Fritz' fehlten
hierzu jedoch die notwendigen Mittel, welche für die ständigen Kriege
aufgezehrt wurden.

Die Charité um 1740
(nach einem alten Stich)

Abb.1

Unter Friedrich dem Großen wurde 1785 der Grundstein zur neuen Charité gelegt. Unter seinem Großneffen Friedrich Wilhelm III. wurde der Bau im Jahre 1800 vollendet. Ein imposantes, für damalige Ansprüche hochmodernes Krankenhaus. (2)

Abb.2

Erst kurz vor seinem Tode, als ein gewisser Friede eingekehrt war, befahl er im Jahre 1785 die Grundsteinlegung für neue Gebäude.

1810 kam es durch Wilhelm von Humbold zur Gründung der Universität, in welche die Charité eingegliedert wurde.

Damit beginnt die eigentliche Geschichte dieser großartigen
Institution Charité. Sie sollte zunächst der Behandlung der Armen
dienen.
Die notwendige Erweiterung erfolgte durch den Neubau der
Pathologie.
Das Universalgenie Rudolf Virchow kam hier neben seinen
zahlreichen anderen Funktionen seinen primären Aufgaben der
Erforschung von Krankheiten und Todesursachen nach. Berühmt ist
seine Sammlung der menschlichen Fehlbildungen, die mehr als 20 000
Exponate umfaßte. Sie sind größtenteils erhalten geblieben und haben
jetzt noch einen entsprechenden Platz in der heutigen Pathologie.

R.Virchow war der Begründer der Zellularpathologie,die über Jahrzehnte das Grundkonzept des medizinischen Denkens über Krankheit,
Tod und Leben beherrschte.

Die in der Folgezeit regierenden Könige und zuletzt Kaiser Wilhelm
verfügten den Weiterbau, der mit der Schaffung von dreizehn weiteren
Häusern im Pavillonstil in den Jahren von 1887 - 1916 seinen vor-
läufigen Abschluß fand.

Die Zahl der berümten Ärzte, welche die Charité zur Weltgeltung
brachten, ist lang. Es sollen nur die bedeutendsten genannt werden.

Nach Virchow müssen wir Graefe und Dieffenbach erwähnen, die
durch ihre plastischen Operationen und die Einführung der Äther-
narkose(1847) Weltberühmtheiten wurden.

In den nächsten Jahren entdeckte man die narkotische Wirkung des
Chloroforms, sodaß mit diesen beiden Narkotika größere Operationen
vorgenommen werden konnten.

Die Todesrate insbesondere durch Infektionen war jedoch beängstigend hoch. Die Ursachenforschung beschäftigte eine große Zahl
Gelehrter.

Erst über die grundlegenden Erkenntnisse von Bakteriologie und die
dadurch verursachten Infektionen durch den genialen Robert Koch
gelang es mit Hilfe von Desinfektion, Sterilisation und Hygiene die
Mortalität erheblich zu senken.

Eine weitere beachtliche Steigerung der Operationserfolge konnte
durch die Erfindung laufend neuer Instrumente erreicht werden.

Die Chirurgen Ernst von Bergmann und August Bier setzten Zeichen. Aus aller Welt kamen Patienten, um sich von ihnen operieren zu lassen.

Die bekanntesten Internisten des ausgehenden 19ten und des beginnenden 20sten Jahrhunderts waren von Leyden, Langerhans, Friedrich Krauss u.a. Der Leibarzt des letzten deutschen Monarchen 'Kaiser WILHELM' Prof. Schönlein darf nicht unerwähnt bleiben.

Dieser Kaiser führte Deutschland in den ersten Weltkrieg mit den Worten, danach würden 'glorreiche Zeiten' anbrechen. Nun, sie kamen nicht!

Kriege lassen Ärzte zu Erkentnissen kommen, die in Friedenszeiten nicht in diesen Ausmaßen gewonnen werden : *unendliches menschliches Leid mit entsprechenden physichen und geistigen Störungen, Hungerphasen, Seuchen, schwerste Verletzungen, Infektionen, und Organisation der Unterbringung von Verwundeten, operierten Soldaten und Zivilisten, u.a.m.*

Neue Techniken im operativen Bereich mußten entwickelt, getestet und ausgeführt werden, um später dem zivilen Bereich dienlich zu sein.
Dieser Erfahrungsgewinn für die Medizin und die betroffene Menschheit sollte nicht der Sinn eines Krieges sein.

Die Verschwendung des höchsten Erfindergeistes und kostbarer Rohstoffe für Raumfahrt, Vernichtungswaffen, ist die kriegerische Zerstörung der Lebensbasis und beraubt die betroffenen Menschen ihres Lebensraumes, und ist durch nichts zu verantworten!

'Würden diese Mittel für die friedliche Nutzung in allen entsprechenden Bereichen eingesetzt, wäre das Weltenergieproblem lösbarer und es gäbe nicht die globalen ökologischen Katastrophen', stellte im Anschluß an eine Raumfahrtkonferenz von Wissenschaftlern einer der führenden Köpfe vor einigen Jahren fest.

2. Prof. Ferdinand SAUERBRUCH

Abb.3

An den beiden letzten Weltkriegen war der bedeutendste Chirug des
20sten Jahrhunderts, Prof. Ferdinand Sauerbruch, indirekt als Arzt
beteiligt. Er hat der Charité einen besonderen Glanz verliehen und ihre
Weltgeltung noch weiter vertieft. Aus aller Herren Länder kamen die
Menschen zu ihm, um sich beraten, ggf. operieren zu lassen.

Die Humbold-Universität zu Berlin berief ihn 1927 an den Lehrstuhl
für Chirurgie.

Ein Mensch wie er, der sich zweifelsfrei an der Spitze befand,von dem
man immer absolute Konzentration und damit Höchstleistung verlangte, steht fast ohne Ruhepause unter einem außergewöhnlichen
Streß. Der angsterfüllte Patient, der objektiv auch stark gefährdet ist,
sonst wäre er nicht zu Sauerbruch gekommen, geht einem Chirurgen
vor und auch nach der Operation nicht aus dem Sinn. Es wird
gegrübelt, nachgedacht, ob man nicht etwas besser, anders machen
könnte.

So ist besonders ein Chirurg naturgemäß Stimmungen ausgesetzt, manischen bei Erfolgen, depressiven durch Mißerfolge. Sie können bei dem manchmal verzweifelten Versuch Unmögliches zu erreichen, nicht ausbleiben. Das war auch bei Sauerbruch der Fall. Er hatte ein eruptives Temperament, das allerdings nur selten außer Kontrolle geriet, er war auch von Sympathien und Antipathien gesteuert. Schauen wir ein wenig zurück in seine Vergangenheit. Er war kein guter Schüler. Viele Berühmtheiten und geniale Forscher sind das angeblich auch nicht gewesen. Die ärztliche Abschlußprüfung, dass Staatsexamen hat er erst im zweiten Anlauf geschafft.

Die jugendlichen Eskapaden, die auch bei einer Persönlichkeit seiner Kategorie nicht ausbleiben, dienen einer gewissen Auflockerung. Sie können die berufliche Entwicklung verzögern, sagen aber nichts über die spätere Qualifikation aus.

Die - Numerus-Clausus - Medizinstudenten von heute, die vielleicht in ihrer Persönlichkeitsentwicklung nicht gekämpft haben, werden sie bessere Ärzte? Wer nicht gefühlt, gelitten hat, kann schwer mitleiden, mitempfinden!

Sauerbruch ist auch nichts geschenkt worden, er mußte kämpfen, z.T. gegen erhebliche Widerstände. Seine vielen Erfindungen mußten sich am Patienten beweisen, und sie gelangen nicht auf Anhieb.

Die Unterarm- und Beinumkehrplastik, der berühmte 'SAUER-BRUCHARM', bei der die verlorene Hand durch eine einfache und geniale Konstruktion, nach 'GÖTZ VON BERLICHINGENS EISEN-HAND', ersetzt wurde, die Unterdruckbeatmung in der peumatischen Kammer, nach vielen schwierigen Versuchen, in der Lungen- und Herzoperationen durchgeführt wurden, der Ersatz einer angeborenen Speiseröhre durch einen Teil des Dünndarms oder bei Speiseröhren-krebs die Dünndarmumleitung über das Brustbein, sind beispielhaft und sehr wagemutig gewesen.

Man kann sich kaum diese permanente geistige und körperliche Anspannung als normaler Mensch vorstellen. Es gab für Sauerbruch nur selten Mußestunden. Seine Erfindungen mußten laufend korrigiert werden, bzw. verbessert werden.

Selten wird einer Generation ein derartiges Genie geschenkt. Man darf auch nicht vergessen, dass er nicht die heutige großartige Technik, insbesondere die der modernen Narkose zur Verfügung hatte.

Umso erschütternder ist sein tragischer und trauriger Abgang aus
dieser Welt.
Und diese Welt hat ihn, der er zu prominent war, sich fernhalten zu
können – er wollte es auch nicht – in seinem ärztlichen, menschlichen
und politischen Empfinden häufig einbezogen und irritiert.

Wenn er Kraft seiner Persönlichkeit zu den Patienten kam, hatten sie
ein so hohes Vertrauen zu ihm, dass sie sich die schwierigsten Operationen machen ließen. Seine Untersuchung, sein Tastgefühl waren
einzigartig, er ahnte, beinah wie mit einem Sonographen, kleine
Drüsen oder Unebenheiten im Bauchraum, perkutierte nur durch
Klopfen mit zwei oder drei Fingern und stellte damit ausgezeichnete
Diagnosen. Er sagte dann : „wir schauen einmal rein".

Von großer technischer Diagnostik hielt er nicht viel!

Doch weitere persönliche Erfahrungen mit Sauerbruch folgen später in
der chronologischen Darstellung der ‚Charité-Geschichten'.

3. Politischer Rückblick

Zunächst wollen wir uns die allgemeine Entwicklung, in welche die
Charité einbezogen war, anschauen.

Nach dem 1.Weltkrieg festigte sich nach einigen Jahren durch
Konsolidierung der wirtschaftlichen und politischen Verhältnisse in
Deutschland erneut die Stellung der Charité als klinische Institution
mit Weltgeltung.

Zahlreiche berühmte Mediziner gingen ihrer Tätigkeit in Forschung,
Lehre und Krankenbehandlung nach.

Ab 1933 erfolgte nach der Machtübernahme durch die NSDAP ein
schwerer menschlicher Aderlaß.
145 meist jüdische Ärzte und Wissenschaftler, sowie 40
Krankenschwestern und – pfleger wurden entlassen und oft ihrer
menschlichen Würde, meist ihres Lebens beraubt.

Im Deutschen Ärzteblatt vom 12.12.1997 war zu lesen:

“Der historische Bogen spannt sich von der schnellen und
bereitwilligen Selbst-gleichschaltung über die rücksichtslose und
eigennützige Ausschaltung und Vertreibung jüdischer und selten
nicht-jüdischer Ärztinnen und Ärzte, immerhin 9000 bis 10000
zwischen 1933 und 1945 bis zur Einbindung der Ärzteschaft in den
Leistungs- und Rassenwahn der Machthaber“.

HITLER sprach wiederholt von einer jüdischen Weltverschwörung,
welche die Herrschaft an sich reißen wolle. Gewiß waren in vielen
Positionen überproportional zu den ‘Ariern‘ Juden, aber meist durch
ihre hohe Qualifikation. Bis auf wenige waren sie alle deutsche
Staatsbürger und hier geboren.
Hitler‘s Aversion soll auf seine Wiener Zeit zurückzuführen zu sein ,
da er dort nicht so erfolgreich wie die Juden gewesen ist. . Ihre erschütternden Schicksale hier zu schildern, würde den Rahmen
sprengen..
Den „Aderlaß“ spürte die Bevölkerung z.T. recht empfindlich, wenn
ihr Hausarzt plötzlich verhaftet und verschwunden war. Die
„Beseitigungsaktion“ begann bereits1933.

1932/33 vor der Wahl am 30.01.1933 lautete die Überschrift des
Leitartikels einer großen Berliner Tageszeitung :“Wer Hitler wählt,
wählt den Krieg“ in flammenden roten Lettern.

Dieser, zwar noch nicht große, Krieg griff sehr schnell auf das eigene
Haus, die Partei über. Am 30.06.1934 war der sogen. RÖHM-Putsch.
Hitler ließ ohne Gerichtsbeschluß den Stabschef der SA, Röhm, der
von Anbeginn ein treuer Gefolgsmann Hitlers war, mit mehreren
anderen Anhängern wie Streicher, Strasser usw. wegen des
angeblichen Putschversuches durch Angehörige seiner Leibstandarte
hinrichten.

Seit Jahrzehnten stellte man sich in aller Welt die Frage, wie es
möglich gewesen ist, dass ein sich den üblichen Gesetzesnormen
widerstehendes System wie das nationalsozialistische sich in so kurzer
Zeit so fest etablieren konnte. Eingangs schrieb ich „Ohne Vergangenheit keine Gegenwart und keine Zukunft".

Das Nationalbewusstsein der Deutschen war infolge des verlorenen
Ersten Weltkrieges erheblich verletzt. Dann folgte eine weitere
schweren Demütigung durch den Versailler-Vertrag. Deutschland
musste die Kolonien und 'deutsches Land' abtreten. Reparationen
zahlen, Industrien wurden demontiert, das Rheinland war besetzt, usw.
Auf die allgemeine Nachkriegsdepression und die Inflation folgte
durch hohe amerikanischen Kredite eine Aufbaueuphorie in Verbindung mit deutschem Fleiß auch eine unglaubliche Schein-Blüte. Dann
kam der tiefe Fall : 1928 - 1932 durch die Weltwirtschaftskrise,
Ausbleiben der amerikanischen Gelder, welche zu diesem Zeitpunkt
die Reparationsleistungen überschritten hatten, und die Amerika
wegen seiner eigenen schweren Finanzkrise, nicht mehr vergeben
konnte. Ein großer Teil wurde uns später von den Amerikanern
erlassen.

Die Folge dieser Weltkrise war, dass zehntausende von Banken und
Betrieben in Konkurs gingen und damit die Arbeitslosigkeit auf über 5
Millionen Betroffene anstieg. Es gab keine entsprechende Arbeitslosenversicherung, wie wir sie heute haben. Diese Millionen lebten in
bitterer Armut. Ein Potenzial für jeden Dämagogen, der das 'Heil'
versprach. Dies tat Hitler! Er war der erwartete Messias, dem sie aus
ihrer Not heraus allen Glauben schenkten, auch wenn offensichtlich
die SA, besonders im Kampf gegen den Kommunismus, brutalste
Formen zeigte.

Durch die damit verbundenen innenpolitischen Auseinandersetzungen
einer denkbar schwachen Regierung, welche aus 36 Parteien hervorging, hatten die Politiker nicht die Kraft und den Mut, rigorose Maßnahmen zur Lösung der Probleme zu ergreifen und durchzusetzen.

Z.B.: Eine große Kreditaufnahme zur Schaffung einer leistungs-
fähigen Arbeitslosenversicherung, Bereitstellung von Arbeitsplätzen
wie es heute durch hohe Staatsverschuldung geschieht, erfolgte nicht.
Eine politische, moralische und wirtschaftliche Unterstützung durch
das Ausland hätte vielleicht den verhängnisvollen Verlauf der Geschichte verändert.

Obwohl die NSDAP nicht die stärkste Partei bei der letzten Wahl
gewesen ist, glaubten die konservativen Politiker, Hitler 'zähmen' zu
können. Sie stellten ihm Minister zur Seite, die seinen Kurs in ge-
mäßigte Bahnen lenken sollten. Sie hatten sich gründlich getäuscht.
Durch Ermächtigungsgesetze, welche nach dem ursächlich nicht
geklärten Reichstagsbrand erlassen wurden, und andere Maßnahmen
sind diese Politiker schnell ausgeschaltet worden. Durch die 'Starke
Hand' Hitlers geschah eine Rettung aus der Not. Hitler hat Verzweiflung in Hoffnung verwandelt, kraft seiner dämagogischen Rhetorik. Er
suggerierte den Massen den Willen zum Erfolg ein.
Man ging den Weg der Staatsverschuldung durch hohe Kreditaufnahme. Die Arbeitslosen gingen wieder in die Betriebe, bekamen Arbeit
und Brot. Das Volk war zufrieden über diesen –auf lange Sicht-
Scheinerfolg, ohne darüber nachzudenken, dass es am Ende dafür
aufkommen muß!
In der Arbeitsbeschaffung steckten offene und verdeckte Rüstungsauf-
träge. Die Industrie lebte auf, da sich auch zunehmend der Weltmarkt
erholte. Es wurden Autobahnen gebaut, viel investiert, die Kriminellen eingesperrt; das Leben wurde sicherer.
Die Massen konnten, bzw. mußten an grandiosen Inzenierungen von
Parteitagen u.a. Veranstaltungen teilnehmen.
Bedauerlicherweise – heute unverständlich – ließen sich ca. 50% der
meist freiberuflichen Ärzte in diesen Sog hineinziehen und wurden
Parteimitglieder.

Erschütternd ist es, daß sich Einzelne zu menschenverachtenden
Experimenten veranlaßt sahen, um dem Regime zu dienen.
Auch berühmte Ärzte der Charité arrangierten sich und schwiegen. Die
Karriere war wichtiger als der Hippokratische Eid.
Die Unterordnung und Gleichschaltung vollzog sich in allen Bereichen des
öffentlichen und z.T. des privaten Lebens.
Die Jugendverbände - die alten Bünde - wurden aufgelöst und durch das
Jungvolk, die Hitlerjugend und BDM ersetzt. In diesen begann eine
vormilitärische Ausbildung mit dem Slogan: „Hart wie Kruppstahl, zäh wie
Leder, schnell wie die Windhunde“.

„Kraft durch Freude – Reisen" auf modernen Schiffen - preiswerte Reisen und Orden für besondere Verdienste am Volk, Winterhilfswerk, Ehrung für Mütter mit 4 Kindern und mehr, begeisterten.

Die sehr erfolgreiche Olympiade 1936 verschaffte dem Regime und Volk internationales Ansehen. Das Selbstwertgefühl der Menschen ist offensichtlich angehoben worden.

Dieses erneuerte „Nationalbewußsein" war eine gefährliche Triebfeder.

Darüber verschloß die Mehrheit des Volkes Augen und Ohren vor den dunklen Schatten des NS-Herrschaft. Es verleugnete in seinem Bewußtsein, daß KZ-Lager bereits seit 1933 errichtet wurden, in denen auch Menschen ihrer unmittelbaren Umgebung verschwanden. Hier waren die Kriminellen, die Erbkranken, die rassisch minderwertigen - von Ärzten attestiert -, die politisch Unzuverlässigen oder Gegner, die religiösen Verweigerer u.a. inhaftiert.

Jede Gruppe hatte ein besonderes Abzeichen auf seinem Sträflingsanzug. Interessanterweise bekamen die Zeugen Jehovas einen lila Winkel als einzige religiöse Gruppe, die anderen Christen wurden in die Politischen eingeordnet.

Trotz dieser dunklen Schatten schlug das Pendel zu neuen Ehren für Volk und Vaterland sehr positiv aus. Ohne Einspruch des Auslands wurden internationale Verträge gebrochen: 1935 die allgemeine Wehrpflicht eingeführt, allerdings nach Abstimmung kam das Saarland „heim ins Reich", wie es damals zu Recht hieß, am 07.03.1936 besetzten deutsche Einheiten das Rheinland, im September folgte der 4-Jahresplan vorwiegend zur Rüstung, am 15.03.1938 kam es zum bejubelten Anschluß Österreichs. Das Ausland schwieg weiter!

Der 29.09.1938 war ein besonderer Triumphtag für ADOLF HITLER. Der noch warnende DALADIER und CHAMBERLAIN demütigten sich für ihre Länder und den fragwürdig werdenden Frieden der Welt. Sie billigten die Annexion Böhmens und Mährens, des Sudetenlandes. Der Einmarsch erfolgte am 03.10.1938.

Obwohl zwischen England, Frankreich, Rußland und der Tschechoslowakei ein Freundschaftsvertrag bestand, der, wenn er vollzogen worden wäre, Deutschland einen 3-Frontenkrieg aufgezwungen hätte, geschah nichts. Bei Einhalten des Vertrages durch die späteren Alliierten wäre evtl. der Weltkrieg vermieden worden, denn die deutsche Rüstungskapazität reichte 1938 für eine Auseinandersetzung noch nicht aus.

In Frankreich ging der traurige Witz um: „Ein großer Leibdruck hätte zur Zeit der Verhandlungen bestanden. Nachdem man nun in die Hose gemacht hätte, wäre man erleichtert, fühlte sich aber beschissen."

Die Erfolgswelle rollte weiter wie eine Lawine. Das internationale Judentum wurde nun eines der Hauptangriffsziele des NS-Regimes.
So kam es am 09.11.1938 zu der berüchtigten „Kristallnacht", bei der Synagogen niedergebrannt und jüdische Geschäfte zerstört und geplündert wurden.

Das Ausland schaute weiter zu und machte sich, wie auch die Kirchen, vor allem die katholische, die sich bereits durch das römische Konkordat am 20.07.1933 arrangierten, indirekt zu Verbündeten des NS-Regimes und damit ebenfalls schuldig.

Die propagandistische Vorbereitung zur Besetzung und Zerschlagung der Tschechoslowakei erfolgte im März 1939. Die Deutschen schwammen wie in einem hypnotischen Trancezustand auf dieser jeden Widerstand überrollenden Erfolgswelle.
Zu diesem Zeitpunkt hätten sehr wahrscheinlich in einer echten Wahl mindestens 80% der Deutschen zugunsten des Regimes gewählt.

Eine massive Rüstung mit dem Slogan „Volk ohne Raum" deutet auf Kriegsvorbereitung hin.
Es war nur eine Expansion nach Osten denkbar.
Diese Hoffnung hegten die Westmächte, daß eine Auseinandersetzung zwischen Deutschland und Rußland ihre eigene Position wieder stärken würde.
Anders: Am 23./24.08.1939 schlossen Deutschland und die Sowjetunion einen Nichtangriffspakt. In ihm war ein Geheimpapier eingeschlossen, das der UDSSR Freizügigkeit im Bereich der Baltischen Staaten erlaubte.
Die Konsequenz war die Besetzung Estlands, Lettlands und Litauens, sowie ein Okkupationsversuch Finnlands, allerdings erst 1940.

Die Welt war wie gelähmt, und diese Lähmung nutzten die beiden Pokerspieler Hitler und Stalin aus.

Abb.4a   Unterzeichnung des Nichtangriffspaktes

Reichsminister v. Ribbentrop u. Stalin

Abb.4b

Außenkommisar Molotow beim Unterzeichnungsakt

Abb 4c

Von Ribbentrop, zur Berichterstattung nach Rückkehr
aus Moskau, beiHitler u. Göring

Gemeinsam besetzten sie im September 1939 Polen. In Bündnistreue
erklärten England und Frankreich Deutschland den Krieg. Hitler hatte
den Rücken nach Osten frei und konnte mehrere Länder besetzen
lassen: Dänemark, Holland, Belgien und Frankreich. Die gelandeten
englischen Truppen erlitten bei Dünkirchen eine vernichtende
Niederlage.
Die Besetzung Englands wäre der folgerichtige Verlauf der
kriegerischen Weltgeschichte gewesen.
Er wurde im Generalstab geplant und entsprechend vorbereitet,
ständig verschoben, denn die englische Flotte war zu mächtig und eine
Landung schwierig. Es entbrannte statt dessen ein erbitterter Luftkrieg
über England, s. Coventry, das 1940 zerstört wurde. Die Lufthoheit
über England wurde nicht erreicht, die Operation Barbarossa -
Überfall Rußland lief an. Noch schlug das Pendel zugunsten
Deutschlands aus.

Aber Eigenmächtigkeiten Mussolinis, des „Duce", bereiteten unserer
politischen und militärischen Führung Sorgen, ja Schwierigkeiten.
Er wollte ein neues römisches Imperium errichten.. 1936 ließ er
Äthiopien und 1939 Albanien überfallen, am 28.10.1940 streckte er
seine Hand nach Griechenland aus.

Zuvor ließ der Pokerspieler Stalin im Sommer 1940 die Balkan-
Staaten, Bessarabien und die Nordbukowina gemäß einem deutsch-

russischen Geheimprotokoll, das in erster Linie den Balkan-Staaten galt, besetzen. Und in Bulgarien sowie Rumänien wurde ein möglicher aggressiver Akt gegen die Türkei durch kommunistische Wühlarbeit vorbereitet.

Im Rahmen dieser Vorgänge kühlten sich die Beziehungen Berlin - Moskau bedenklich ab. Um einer Eskalation vorzubeugen, kam Molotow im November 1940 nach Berlin. Das Einhalten des Nichtangriffspaktes von 1939 beinhaltete die Forderung, der Sowjetunion auf dem Balkan freie Hand zu gewähren. Insbesondere zeigte er Interesse an einer freien Durchfahrt durch die Dardanellen und damit an einer Besetzung der angrenzenden türkischen Gebiete. Es kam zu keiner Übereinkunft.

Im März 1941 zog Stalin eine weitere Trumpfkarte: Er schloß mit Jugoslawien einen Beistandspakt. Die deutschfreundliche Regierung war abgelöst worden.

Griechenland konnte durch die italienischen Besatzer nicht „befriedet" werden. So entschloß sich die deutsche Führung, Griechenland und zuvor Jugoslawien zu besetzen. Mit der Eroberung Kretas unter schweren Verlusten war am 01.06.1941 der Balkanfeldzug de jure, aber nicht de facto beendet.
Verschiedene deutsche Truppenverbände waren weiterhin durch stärker werdende Partisaneneinheiten, die kommunistische Unterstützung hatten, gebunden.

Die Südflanke des „Großdeutschen Reiches" war im Hinblick auf das „Unternehmen Barbarossa" nicht frei. Es war erkennbar, daß der hegemoniale Plan eines Weltkommunismus nicht abgeschrieben war.

Um dieser bedrohlichen Entwicklung vorzubeugen, entschlossen sich Partei und Militär, nachdem der Westen auf dem Land völlig und der Süden teil" befriedet" waren, in ihrem globalpolitischen Denken einer „Neuordnung" Europas, zu dem Überfall auf die UDSSR am 22.06.1941.
Das war ein Schachzug, mit dem kein Staatsmann der Welt gerechnet hatte.
Hitler zog eine lebensgefährliche Pokerkarte!

Nun hatten wir einen Mehrfrontenkrieg!

Im Westen Luft- und im Osten einen gewaltigen Landkrieg, der unsere Truppen bis vor Moskau und Leningrad brachte. Die

Versorgung der Truppen und der hunderttausenden von Gefangenen war wegen der riesigen Entfernungen ein nicht lösbares, schlecht vorbereitetes Problem.

Sondermeldungen peitschten durch den Äther. Wenn dazu der „Führer" angekündigt wurde, hielten nicht nur wir, mit Furcht und Bangen, sondern auch die Welt den Atem an. Hitler übernahm im Dezember 1941 den Oberbefehl über die Wehrmacht, die Generale fügten sich bis auf wenige Ausnahmen widerstandslos.

Unsere Armeen hatten Dänemark, Norwegen und Teile Nordafrikas besetzt. Die deutsche Flotte operierte auf allen Weltmeeren.

Der Krieg hatte inzwischen Dimensionen erreicht, dessen Ausmaß logistisch, wirtschaftlich, auch menschlich leistungsfähig nicht mehr zu bewältigen war.

Am 08.12.1941 erschütterte die ganze Welt der furchtbare Überfall der Japaner auf Pearl Harbor, bei dem ein wesentlicher Teil der amerikanischen Pazifikflotte vernichtet wurde.

Amerika schien geschwächt und Deutschland ermutigt, am 11.12.1941 zusammen mit Italien den USA Krieg zu erklären. So konnten die deutschen Seestreitkräfte - völkerrechtlich, -wenn man das sagen kann-, die amerikanischen Versorgungsschiffe für England und Rußland angreifen.

Mein Vater sagte zu dem jüngsten Geschehen: „Unsere Gegner haben eine 10 x höhere Stahlproduktion als wir und eine nicht störbare Rüstungsproduktion, so daß sie 10 x so viel Kriegsmaterial herstellen können wie wir. Der Krieg ist verloren."

Das Pendel kam zum Stehen und begann gegen uns auszuschlagen. Davon aber später.

Unter dem Rektorat von

Willy Hoppe

Doktor der Philosophie und
ordentlichem Professor der Geschichte

ist heute

Werner Podszus

aus _Berlin_
(Geburtsort)

als Student der

Medizinischen Fakultät

in die Universität Berlin aufgenommen
und durch Handschlag feierlich auf
ihre Ordnung verpflichtet worden.

Berlin, den _29. 10. 41._

Der Rektor

Hoppe

Abb.5

Die Humboldt Universität

Bei dieser Kriegsausweitung benötigte das Reich dringend Ärzte. Ich stellte den Antrag für ein Medizinstudium an der Friedrich-Wilhelm-Universität zu Berlin. Die Immatrikulation erfolgte nach Vorlage des Wehrpasses mit dem Vermerk „zeitweilig wehruntauglich" ohne Komplikationen. Das verlangte polizeiliche Führungszeugnis war in Ordnung und der „Ariernachweis" erbracht.
Für die folgenden Semester mußte man sich jeweils mit den entsprechenden Unterlagen zurückmelden. Das geschah z.B. durch Schlangestehen in einem Uni-Flur bis zu einem Tisch, an dem sich ein „Linientreuer" befand, der insbesondere den Wehrpaß prüfte. So stand eines Tages ein Student vor mir, dem man bei der Prüfung, wie uns allen, die Parteizeitschrift "Die Bewegung" anbot. Der junge Soldat sagte emotionsgeladen: „Die Bewegung kann mir gestohlen bleiben. In welch einem Dreck habe ich gelegen, und was mußte ich ihretwegen alles erleben als friedfertiger Mensch". Ich trat ihm mit dem Knie in den Rücken und sagte: „Halt die Schnauze"!
Er drehte sich wütend um, ich sagte ihm: „Sei still, wir reden gleich darüber".
In einer stillen Ecke klärte ich ihn auf (nach dem deutschen Blick, der rundherum die Lage sondierte, ob nicht jemand zuhörte), daß er mit einer derartigen Äußerung sehr schnell vor ein Kriegsgericht käme und im KZ landen würde. Erst nach einiger Information begriff er, daß

es in der Heimat anders aussieht als an der Front, wo man relativ offen seine Meinung sagen konnte.

Ich erzählte ihm noch den Witz von den beiden Anglern, die am Fluß saßen. Der eine hatte einen „Parteibonbon" am Revers und der andere nicht. Der 'ohne' fing einen Fisch nach dem anderen, der mit dem Abzeichen nichts. Er fragte: „Wir haben beide den gleichen Köder, Du fängst dauernd und ich nicht, weshalb?" Die Antwort lautete: „Mit Deinem „Bonbon" traut sich nicht einmal ein Fisch das Maul aufzumachen."
Ich sagte dem Soldaten noch: „Wer nicht als relativ gesunder Mann oder Frau an der Front ist, kann immer ein Spitzel sein, der neben Dir steht."

Die parteipolitische Einordnung war eine Vorausbedingung, daß man studieren durfte.
So hatten wir uns einer studentischen „Dienstgemeinschaft" oder „Kameradschaft" anzuschließen. Für mich war das nicht so eilig. So wurde ich vom „Studentenführer Universität Berlin" ermahnt, diesen Schritt schnellstmöglich zu vollziehen. Ich vergaß es wieder. Nun meldete sich „Der Leiter des Amtes Politische Erziehung" Schützmannsky, ich solle wegen der Verzögerung bei ihm vorsprechen. Bei Nichterscheinen würde er mich dem Gaustudentenführer melden. Jetzt wurde es gefährlich. Ich ging hin, die Zusammenkunft war recht einseitig. Ich wurde rüde und deutlich ermahnt, mich den Anordnungen zu fügen.
Daraufhin bin ich der ehemaligen Burschenschaft nunmehr „Kameradschaft Ernst Moritz Arndt" beigetreten. Wir haben nette Abende miteinander verbracht.
Nach dem Kriege traf ich diesen Schützmannsky auf der Weidendammer Brücke. Er sprach mich mit zittriger Stimme an: „Kamerad, Du kennst mich doch. Sie wollen mich verhaften und ich habe doch nichts Böses getan. Kannst Du nicht ein gutes Wort für mich einlegen?"
Dieser Mensch hat so viele Studenten angeklagt, daß er nicht einmal mehr wußte, wem er was angetan hatte. Vielleicht hat er auch einige ins KZ gebracht. Ich schrie ihn nur an: „Hau ab, sonst schmeiß ich Dich in die Spree!" Hinkend, wie sein großer Meister Goebbels, eilte er davon.
Fechten war zur körperlichen Ertüchtigung Pflicht. Da ich der Zweitgrößte war, mußte ich gegen einen SS-Riesen, der nicht wußte, weshalb er in der SS war, antreten. Wir fochten mit leichten Säbeln, hatten zum Schutz des Kopfes einen Gesichtsdrahthelm auf, der zum Genick mit einem Lederstück abschloß. Bei jeder „Terz", die auf

meinem Kopf geknallt wurde, sauste sich biegend die Säbelspitze bis auf meine Schulterblätter nieder. Ich hatte nach jedem dieser Gefechte ein fächerförmiges Muster auf meinem Rücken.

Ich war erstaunt, daß so viele potentiell kampffähige, junge Männer zum Medizinstudium zugelassen wurden, aber die meisten von ihnen waren angehende Sanitätsoffiziere, die sich zum aktiven Militärdienst verpflichtet hatten. Sie gehörten verschiedenen Waffengattungen an.

Dazu kam eine große Zahl von Studentinnen.

Die Vorlesungen fanden entsprechend den Fächern in jeweils anderen Instituten statt, und wir mußten sehr eilen, um zum Beginn rechtzeitig anwesend zu sein, auch um die Testate zu erhalten.

Es wurde sehr konzentriert gelehrt, gehört und gearbeitet. Ein Grund dafür war, daß die Regelstudienzeiten mit einem gewissen Druck vorgegeben gewesen sind. Wir wußten aber auch nicht, ob wir kriegsbedingt das Studium abbrechen mußten, abkommandiert wurden, oder Unvorhergesehenes geschah, denn inzwischen wurden auch deutsche Städte bombardiert.

Wir wollten im Studium so weit kommen, wie irgendmöglich, der Verlauf des Krieges erschien uns bald recht ungewiß. Wir wünschten, zumindest die ärztliche Vorprüfung, das Physikum, in der Tasche zu haben.

Wir waren jung und anpassungsfähig. Nach wenigen Tagen war man integriert, fand die Institute und lernte die Lehrkräfte kennen.

5. PROF. HERMANN STIEVE, DER ANATOM

Außergewöhnliche Persönlichkeiten bleiben verständlicherweise besonders im Gedächtnis haften. Dazu muß man den berühmten Anatom Dr. Dr. Hermann Stieve zählen. Er war ein großer aufrechter Mann mit grauen straff anliegenden Haaren.

Abb.6

Zu Beginn der ersten Vorlesung forderte er die stete Anwesenheit, aber zur Vertiefung und Rekapitulation wäre auch ein Lehrbuch erforderlich. Da er aber keines geschrieben hätte, könne er auch keines empfehlen. Es gäbe eine Ausnahme, er würde am „Rauber-Kopsch" mitgearbeitet haben, das wäre ein ganz gutes Werk.
Alle Vorlesungen im Sternsaal waren übervoll. Man konnte froh sein, einen Treppensitzplatz oder im oberen Rang einen Stehplatz zu erhalten.
Stieve trug stets einen schwarzen Kittel. Die besondere Attraktion war sein „Muskelmann". Dieser war selbst ein vorzüglicher Anatom durch die lange Zusammenarbeit mit Stieve, ein Athlet mit einem wunderbaren männlichen Körper, der die Damen entzückte. Dieser Mann vermochte praktisch jeden von Stieve benannten Muskel zu kontrahieren.
Jeweils nach den einzelnen Demonstrationen klatschte er hörbar mit den Schulterblättern über der Wirbelsäule, was ein ungläubiges Staunen und Applaus hervorrief.
Es waren brilliante Vorlesungen. Tote gab es ja genug auch für die Übungen im Präpariersaal, einige wenige ohne Kopf, über die wir uns Gedanken machten.

Nun, es wurden auch die Genitalien - allerdings ohne Muskelmann oder -frau - besprochen. Stieve stellte sich zur bildlichen Erklärung der weiblichen Organe mit ausgebreiteten Armen vor das Auditorium, der Innenraum des Uterus wurde auf seinem schwarzen Kittel mit weißer Kreide aufgezeichnet, die Tuben stellten seine Arme dar, und unter die Hände hielten 2 Anatomiediener einen Schwamm. „Das sind die Eierstöcke".

In der nächsten Vorlesung kamen die männlichen Geschlechtsorgane zur Sprache. Stieve schaute in die oberen Ränge und sagte: „Aha, ich sehe, daß es sich herumgesprochen hat, welches Gesprächsthema wir heute haben, zahlreiche Damen der Theaterwissenschaften, der Philosophie und anderer, nicht medizinischen Fakultäten sind anwesend".

Stieve erklärte sachlich die anatomischen Gegebenheiten, demonstrierte sie an Vorzeigetafeln und kam auf den Penis zu sprechen. Er stellte fest, daß es hier ganz erhebliche Größenvariationen gäbe, vor allem bei einem Volksstamm in Afrika........

In diesem Augenblick standen einige Studentinnen der oberen Ränge auf und schickten sich an, hinauszugehen.

Stieve rief laut: „Halt, halt, meine Damen, das Schiff dorthin fährt erst in drei Tagen". Ein großes Gelächter und Beifall folgten auf diesen Ausspruch. Ob diese Situation inszeniert war, werden wir nie erfahren.

In einer Vorlesung sprach Stieve über die cerebralen Differenzmerkmale der Geschlechter. Das weibliche Geschlecht wäre früher reif und verständiger.

Die Damen stimmten freudig zu, dann fuhr Stieve aber fort und stellte fest, das Wachstum des Gehirns wäre bei den Damen bereits mit 18 Jahren abgeschlossen, bei den Herren jedoch erst mit 25 Jahren. Die Männer hätten ein um 7 Jahre längeres Gehirnwachstum, und damit müßten sich die Frauen abfinden, den Männern stände eine Führungsrolle zu.

Es gab einen kleinen Tumult.

Stieve mochte gutaussehende Mädchen; ich denke, sie hatten es in den Prüfungen etwas leichter. Nur wenn die Haare zu lang gewesen sind und im Präpariersaal, wie er zu sagen pflegte „in den Leichen herumwedelten", wurde er ärgerlich.

Er hatte eine besondere, manchmal eine etwas abgehackte, prägnante Sprache: „So da herein, da heraus" usw. Die schwierigen Hirnnerven waren eines seiner Lieblingsthemen, für uns eines der schwersten.

Vier Studenten teilten sich meist eine Leiche. Es gab keine Streitigkeiten, dazu war das Leben im Krieg viel zu ernst, um damit noch Kraft zu vergeuden. Jeder bekam seinen Körperteil, wir schauten dem Nachbarn über die Schulter und halfen uns gegenseitig. Ein Konkurrenzdenken gab es eigentlich nicht, und es war eine gute Kameradschaft. Wußten wir, wie lange uns das Leben oder die Gesundheit noch bliebe?

Im Rahmen der Leichenzergliederungsübungen haben wir den gesamten Körper kennengelernt.
Prof. Stieve, Dr. Klein und ein weiterer Assistent wachten über der ordnungsgemäßen Arbeit mit Messer, Pinzette u.a. Instrumenten. Es roch nach Desinfektionsmitteln. Ein fetter Körper ließ manch einen Handgriff abgleiten, und man mußte äußerst vorsichtig sein, sich nicht zu verletzen. Das sogen. „Leichengift" ist sehr gefährlich, das ist allgemein bekannt. Zur Infektionsbehandlung standen nicht die heute bekannten zahlreichen Antibiotika, sondern nur einige wenige Sulfonamide zur Verfügung.
Wir lernten bisher nur tote Körper kenne, doch mit Fortschreiten des Krieges kamen nun Verwundete und Verstümmelte zu komplizierten Operationen nach Berlin, um wieder zu fronttauglichen Soldaten gemacht zu werden.
Das war ein Thema, das uns angehende Ärzte nicht zur Ruhe kommen ließ.

Eines Tages kam ein Studiosus mit einem Geigenkasten in den Präpariersaal. Stieves Assistent fragte ihn - die beiden waren durch die Bierkneipe befreundet - ob er neuerdings Geige spielen würde, und ob er das vor Toten tun wolle?
Die Antwort war ausweichend.
„Soll ich den Kasten einmal öffnen lassen, und Du zeigst mir die Geige?"
„Ach das ist nicht nötig, es ist eine Geige, wie jede andere."
Der Assistent hob den Geigenkasten hoch und meinte: „Das ist aber eine sehr schwere Geige, ob ich sie mir doch einmal ansehe?"
Nun, er ließ es der Freundschaft wegen, sonst hätte es evtl. unangenehme Konsequenzen gehabt.
Es war ein Leichenarm darin.
Den nahm er also mit nach Hause und kochte ihn im Gartenhäuschen, in dem sich ein kupferner Waschkessel befand, um das Fleisch abzulösen.
Der Kommilitone erzählte, der Arm wäre noch leichenstarr gewesen, die Hand ragte etwas aus dem Kessel heraus. Seine Mutter sah den

Rauch aus dem Schornstein quellen. Sie ging hinaus, um nachzuschauen, und sie kam kreischend zurück, da wäre ein Mensch in den Waschzuber gefallen, nur die Hand ragte noch heraus.

Diese Erzählung war eine tolle Stammtischgeschichte, ob es sich wahrhaft so zugetragen hat, erfuhren wir nicht.

Dieser Bursche war ein wilder Draufgänger. Im Streit mit einem Kollegen forderte ihn dieser zu einem scharfen Duell. Das war nicht statthaft und würde kriegsgerichtlich geahndet werden, denn eine Verletzung setzte die Wehr- und Kampfkraft herab. Das machte in diesem Augenblick nichts, es ging um die Ehre!

Unser Mann hatte zuvor kaum jemals gefochten. Er ging also zu einem berühmten Fechtlehrer, um sich schnell einweisen zu lassen.

Dieser Lehrer erzählte, zu der Zeit, als noch das scharfe Fechten gestattet war, hätte er manch einem Gegner mit einer Terz eine Beule auf den Kopf gesetzt und sie mit der nächsten Terz gespalten.

Er war gut, ich wußte es, denn ich hatte bei ihm den Pflichtunterricht.

Es kam also zu dem verbotenen Duell, und mein Kollege durchschlug seinem Kontrahenten den Facialisnerv.

Das war höchste Alarmstufe!

Über den Reichsjugendführer konnte er noch seine Prüfung machen, aber auch mit Komplikationen. Da er nach jeder Prüfung erst einmal kräftig soff, dann mit viel Kaffee die Nacht durchpaukte, brach er eines Tages zusammen.

Entsprechend seiner Vitalität erholte er sich schnell, machte sein Vorexamen, mußte dann aber umgehend an die Front abgestellt werden, um vor dem Kriegsgericht bewahrt zu werden.

Nun wieder zurück zu Prof. Stieve.

Anläßlich seines 60. Geburtstages hatten wir ihm mit bunter Kreide ein wahrhaft schönes Landschaftsgemälde aus Körperzellen an die Tafel gemalt. Er war ganz gerührt.

Das Auditorium war bis auf den letzten Platz besetzt. In den ersten Reihen saßen mehrere Professoren. Stieve schaute sie einzeln an und sagte: „So, nun wollen wir einmal mit der Anatomieprüfung bei den Herren der ersten Reihe beginnen.“

Ein jubelndes Beifallsklatschen ging durch die Reihen der Studenten. Stieve beließ es bei der Ankündigung mit der Bemerkung, er wolle den Herren eine schlechte Note oder gar Durchfall ersparen. Für uns sagte er einmal vor einer Prüfung: „Meine Damen und Herren, wenn Sie zur Prüfung vor mir stehen, haben Sie große Angst. Sie vergessen Dinge, die Sie sicher wissen. Stellen Sie sich folgendes vor: Wir stehen uns ohne Kleidung gegenüber. Ich als alter Mann mit etwas Bauch, welkem Gewebe, dünnen Beinen und Sie in strotzender

Jugend. Sie lächeln, und mit diesem Lächeln treten Sie vor mich, und die Prüfung ist halb so schwer. Nach diesem kleinen beispielhaften Intermezzo wollen wir zu seinem Geburtstag zurückkehren.

Stieve begann zu erzählen: „Natürlich möchten Sie sicher einige Erlebnisse aus meiner Vergangenheit hören. Wie so alle berühmten Männer oder Frauen war ich ein schlechter Schüler und mußte eine Klasse 2 x absolvieren. Auch in Latein war ich schwach. Der Professor bestellte meine Eltern und empfahl ihnen, mich einen praktischen Beruf erlernen zu lassen, meine Intelligenz reichte wohl nicht für einen akademischen. Meine Eltern kannten mich besser, halfen mir, und ich schaffte mein Abitur. Nun studierte ich Medizin, interessierte mich für eine Ordnung der anatomischen Bezeichnungen und gab die „Nomina anatomica" heraus. Ein Exemplar schickte ich dem Lateinprofessor in der Erwartung seines Lobes. Er sandte mir seine Visitenkarte mit dem Vermerk: „Da sieht man, wie tief die deutsche Wissenschaft nach dem Krieg gesunken ist."

Stieve erzählte noch einige Anekdoten aus einem Leben.

Dieser 60. Geburtstag war für ihn und uns eine erfreuliche Abwechslung, und ist, wie man sieht, in bleibender Erinnerung.

Sowie der Kommilitone sich einen Arm als Studienobjekt präpariert hatte, kaufte ich mir einen Totenschädel, den man aufklappen konnte, und an dem die Hirnnerven angezeichnet waren; vorzüglich zum Lernen geeignet.

Ich hatte ihn in einer Aktentasche, fuhr mit der S-Bahn nach Hause und stellte die Tasche zwischen meine Beine. Sie konnte wegen des sperrigen Inhalts nicht richtig zugemacht werden. Bei einem scharfen Bremsen fiel die Tasche um, und der Totenkopf rollte einer Frau vor die Füße. Schreiend sprang sie auf und flüchtete.

Ja und ich lachte, weil es für mich eine Art Werkzeug war.

Das sind die ersten Anmerkungen über Stieve und sein Auditorium anatomicum. Einige weitere folgen später.

Die groben Strukturen des Körpers lernten wir bei Stieve kennen, die feingeweblichen in dem Fach „Histolgie" bei Prof. Fahrenholz. Er war ein netter „runder" Herr von pyknischer Statur und auch rundem, haarlosem Kopf.

Eines Tages stand er beim Vortrag hinter dem großen Tisch vor der Tafel. Plötzlich tauchte er ab, rappelte sich wieder hoch, der Kopf kam langsam vor, und er vollendete den abgebrochenen Satz. Dann sackte er wieder in sich zusammen.

Wir sprangen auf, liefen nach vorn und fanden ihn bewußtlos. Er hatte einen Schlaganfall erlitten und kam sofort in eine nahegelegene Klinik. Er starb nach wenigen Tagen ohne das Bewußtsein wieder erlangt zu haben.

Die biologischen Funktionen des Organismus mit den normalen Lebensvorgängen in den Muskel-, Nerven-, Herz-Kreislauf- und Sinnessystemen wurden uns von Prof. Trendelenburg im Fach der Physiologie nahegebracht. Die Froschversuche mit elektrischer Stimulation der Beinmuskulatur liebten wir nicht. Uns taten die Tiere leid. Zum Glück wird das heute nur noch an wenigen Instituten praktiziert.

Noch schwieriger war Physiologische Chemie, das Prof. Lohmann lehrte. Er war ein „pingeliger" sehr strenger Mann, den wir in den Prüfungen fürchteten. Die vielen Formeln, weniger die Experimente, da sah man wenigstens, was passierte, waren uns ein Graus. Aber sie mußten in Bezug zu den normalen Lebensvorgängen gesetzt und verstanden werden. So recht begriffen haben wir damals diese für uns zunächst nur einzupaukenden Daten nicht. Heute wissen wir, welch große Bedeutung die Erforschung und das Verstehen für jedes Stoffwechselgeschehen dieses Fach besitzt.
Prof. Lohmann begegnen wir, wie einigen anderen, später noch einmal.

Die Fächer Botanik und Zoologie, obwohl ich sie heute noch sehr schätze, sind mir in keiner bleibenden Erinnerung, so auch Chemie. Hierfür war das Pauken der „blöden" Formeln sehr lästig, aber es ist ein gutes Gedächtnistraining gewesen.

Physik dagegen war durch Prof. Gerthsen interessanter. Er war ein hervorragender Experimentalphysiker. Allerdings mochte er die Medizinstudenten überhaupt nicht, sie hätten kein physikalisches Verständnis. Um ihn einigermaßen zufrieden zu stellen, lernten die Mediziner eine Anzahl der Gesetze auswendig und versuchten sie zu verstehen, und in der Prüfung zu erklären.
Diese Gesetze bemühte sich Gerthsen so einfach und einprägsam wie möglich mit seinen Experimenten vorzuführen.
Hätten wir in der Schule besser aufgepaßt, wäre uns das Begreifen leichter gefallen, aber wer lernt zu diesem Zeitpunkt für sich selbst in Hinblick auf die Zukunft?
Interessanterweise kamen zahlreiche Studenten anderer Fakultäten zu den Vorlesungen von Prof. Gerthsen.

6. DER KRIEG ESKALIERT

Unsere Konzentration litt selbstverständlich unter dem Fortschreiten des Krieges.

Englische Bombenangriffe wurden auch auf Berlin geflogen. Hermann Göring sagte, wenn das geschähe, dann wolle er „Hermann Meier" heißen. Er hat nur verbal und nicht in der Tat seinen Namen gewechselt. Berlin war von ca. 200 Flakbatterien umgehen, die auch mit leistungsstarken Scheinwerfern ausgestattet gewesen sind. Es war ein schauriges Schauspiel, wenn die anfangs nur einzeln fliegenden Bombenflugzeuge von mehreren Scheinwerferkegeln erfaßt und mit Leuchtspurmunition beschossen wurden und dann getroffen als leuchtende Fackeln abtrudelten. Der Abschuß war genauso grausam wie der Abwurf der Bomben.

Wir haben mit dem Luftkrieg angefangen, und nun schlug das Pendel zurück.

Die Heftigkeit des Krieges nahm zu, immer mehr Verwundete wurden in die Heimat transportiert. Das seelische Befinden der Bevölkerung litt durch die Gefallenenmeldungen, langsam waren viele Familien betroffen, auch durch die stärker werdenden Einschränkungen.

Die Fenster und Straßenlaternen mußten verdunkelt werden, das Heizmaterial wurde knapp, und die Lebensmittel wurden rationiert. Für einen Normalverbraucher gab es pro Tag: 300 gr. Brot, 30 gr. Fett, 75 gr. Fleisch. Ohne Zusatznahrung war das durch psychische Zusatzbelastung eine schleichende Fastenkur und Mangelernährung.

Es ist, retrospektiv betrachtet, ein riesiges medizinisches Experiment gewesen, welche unvorstellbaren Leistungen unter diesen Bedingungen ein menschlicher Organismus psycho-physisch zu vollbringen in der Lage ist. Hat die Welt, haben die Politiker aus diesen Erfahrungen etwas gelernt? Seit diesem Krieg hat es praktisch kaum einen Friedentag gegeben!

Aber nicht nur durch die Geschehnisse im unmittelbaren Umfeld, sondern auch durch die Meldungen von allen Fronten, zweifelte die Bevölkerung, dass dieser Krieg noch zu gewinnen wäre.

Unsere Armeen sind durch eine weitere Pokerkarte Stalins neben der riesigen Weite des russischen Landes, an der schon Napoleon scheiterte, durch „Väterchen Frost", der bis minus 40 ° betrug und durch den erbitterten Widerstand der russischen Truppen vor Moskau zum Stehen gekommen.

Unsere hochtechnisierten Panzerfahrzeuge hatten zahlreiche Teile aus verschiedenen Metallen, die bei den Kältegraden einen unterschiedlichen Zusammenziehungs- oder Ausdehnungskoeffizienten haben. Hierdurch funktionierte das Zusammenspiel der einzelnen Motorteile nicht mehr, einzelne zerbarsten.

Aus der Heimat mußte alles an Pelz- und warmer Kleidung an die Front geschickt werden, was irgend zu entbehren war. Unsere politische und militärische Führung hatte keine den Gegebenheiten angepaßte Vorsorge getroffen.

In dieser Notsituation wurde einer der schwersten Fehler gemacht, der mitentscheidend für den weiteren Kriegsverlauf in Rußland gewesen ist.

Wir waren ein „Volk ohne Raum", also mußte durch eine ethnische Säuberung durch Aussiedlung der „Untermenschen" des Ostens Raum geschaffen werden. - Wie dieses Pendel zurückschlug haben wir mit der Vertreibung und Rückführung Deutschstämmiger, mit Verlust etwa eines Viertels unseres Landes erfahren.

Die Völker Rußlands, insbesondere die Ukrainer, die Krimtartaren u.a. Regionen haben uns mit Begeisterung als „Befreier" empfangen. Sie wurden jedoch entwürdigend behandelt. Sie wurden ihrer Winterkleidung, ihrer Lebensmittel, ihrer Pferde, Wagen beraubt, anstatt diese Menschen in die Befreiungsaktion mit einzubeziehen.

Aus diesen enttäuschten Russen rekrutierten sich die späteren Partisanen.

Zuvor schlossen sich trotz der Enttäuschung hunderttausende unter Führung des Generals Wlassow, einem hochdekorierten Sowjetgeneral, zum Abschütteln der Sowjetdiktatur an. Da man diesen Truppen kein ausreichendes Vertrauen schenkte, wurden sie schlecht ausgerüstet und nicht entsprechend eingesetzt. Hitler als Oberbefehlshaber hat einsam die meisten Entschlüsse gefaßt und keinem Rat erfahrener Generale Folge geleistet. Warnten sie zu „penetrant", wurden sie ihres Postens enthoben.

General Wlassow wurde von den Amerikanern trotz des Wissens, dass eine Überstellung nach dem Krieg das Todesurteil war, mit Teilen seiner Truppe ausgeliefert, und wurde hingerichtet.

Von 1941 - 1943 tobte auch der Krieg in Afrika.

Der kommandierende General Rommel, ein genialer Taktiker, von seinen Gegnern hochgeachtet, führte seine Truppe nach der verlorenen Schlacht um El Alamein gegen Hitlers Befehl nach Tunesien, wo sein Nachfolger von Arnim kapitulierte, im Sommer 1943.

Er wurde zeitweilig seiner Kommandos enthoben, aber zur Verhinderung der bevorstehenden Invasion wieder Befehlshaber der Heeresgruppe B in Frankreich.

Als er nach der erfolgten Invasion Hitler die Kapitulation empfohlen hatte, wurde er zum Selbstmord gezwungen. Er war nicht der einzige Offizier, der eines nicht natürlichen Todes starb. Wir erfuhren es über die „Feindsender".

Im Juni 1942, als ich im 2. Semester stand, traf das NS-Regime ein schwerer Verlust der Führungsriege. Der stellvertretende Reichsprotektor der Tschechei Heydrich wurde durch eine mit Fallschirmen abgesetzte tschechische Truppe umgebracht. Zehntausende suchten nach den Freischärlern und hunderte, meist Unbeteiligte, wurden hingerichtet, das Dorf Lidice „ausradiert", obwohl Heydrich im Raum Prags getötet worden ist.

Das baldige Ende des Krieges deutete sich in der Schlacht um Stalingrad an, die vom 19.11.1942 bis zum 02.02.1943 tobte. Es war die grausamste Schlacht des ganzen Krieges.

General Paulus hatte Hitler wiederholt aufgefordert, die Truppen ausbrechen zu lassen, aber wegen der russischen Südflanke bis hin zum Kaukasus, hat es Hitler verweigert.

Über 300.000 Soldaten wurden geopfert und 90.000 in der Gefangenschaft starben.

Paulus hätte sein Leben für diese Hunderttausende riskieren und den Ausbruch nach Westen befehlen müssen. Er überlebte, war dann für militärische Interessen der UDSSR in der Zone tätig. Er starb ruhig im Jahre 1957.

Aber auch beim Attentat auf Hitler hatten die wenigsten Generale am 20.07.1944 den Mut, den die vielen Frontsoldaten aufbringen mußten, sich der Verschwörung anzuschließen.

Ab 1942/1943 übernahmen die Alliierten mit Hilfe einer gewaltigen amerikanischen Aufrüstung die Lufthoheit. Die Bombardements wurden systematisch ausgeweitet.

Das Pendel schlug immer weiter zugunsten Englands und der USA, auch im Seekrieg, aus.

Um Bevölkerung und Soldaten bei Stimmung zu halten, lief die Filmindustrie mit z.T. sehr aufwendigen Produktionen auf Hochtouren.

Durch einen Freund kam ich in das Filmgeschäft, und konnte so mit den Gagen meinen Unterhalt finanzieren. In vielen Filmen habe ich als Kleindarsteller mitgemacht, z.B. in „Der Geiger", „Münchhausen", „Immensee", zuletzt in „Gefährlicher Frühling" und v.a.m. Die großen Schauspieler waren in der Mehrzahl nicht der Partei verbunden. Sie führten eine „freie Sprache", wenn sie verstummten, ahnte ich, daß sich ein evtl. Spitzel genähert hatte. Trotz der ernsten

Umweltbedingungen waren sie oft zu Späßen aufgelegt. Es wurden auch ketzerische Reden geführt.

Wir waren einmal in einem großen Studio, einer ergriff das Megaphon und machte Goebbels in seiner typischen Art zu sprechen nach. So rief er u.a. in die Halle statt „Räder rollen für den Sieg" „Käse rollen für den Sieg". Da kommt ein Teammitglied hereingestürmt: „Seid Ihr verrückt, der Minister Ley ist im Nebenraum. Wenn der das gehört hätte, müßten wir eine andere Rolle spielen."

Nun , wir waren schon der Vorlesungen wegen viel unterwegs, so will ich zwei kleine Erlebnisse, die sich so ereigneten, erzählen.

Die Rolltreppen Bhf. Friedrichstraße gingen noch. Eine kleine Oma vom Lande trat erstmals in ihrem Leben auf die erste Stufe der Treppe, sie fuhr los. Das Muttchen war entsetzt, drehte sich um und versuchte, hinunter zu gelangen. Sie lief und lief, blieb aber stets auf der gleichen Höhe. Am Fuße der Treppe befand sich eine richtige Berliner Jören-Klasse. Sie riefen ihr zu: „Oma, wenn De rennst, dann schaffst'et ooch!" Ein anderer: „Wenn De weiter so toll rennst, denn biste reif für die nächste Olympiade!"
Das waren für sie schreckliche Sekunden, denn viel länger ist es nicht gewesen bis die Rolltreppe abgestellt wurde. Sie kam ganz verängstigt und erschöpft herunter. Jemand führte sie zu einer Bank. Sicher hat sie keine gute Erinnerung an Berlin.
Ein anderes Mal erlebte ich oben auf dem S-Bahnhof folgendes: Ein alter Mann mit schwerem Rucksack auf dem Rücken lief zu einem Zug. der gerade anfuhr. Er versuchte die Tür aufzureißen. Sie schloß fest, er wurde umgerissen und kam zu Fall. Wir halfen ihm hoch, mehrere Menschen standen herum. Ein dabei stehender Inder mit Turban und dem üblichen roten Fleck auf seiner Stirn fragte ihn in gutem Deutsch: „Wissen Sie nicht, daß alle 5 Minuten ein neuer Zug kommt?" „Ja natürlich."
„Dann sagen Sie mir bitte, was hätten Sie mit diesen 5 Minuten angefangen, für die Sie Ihre Gesundheit, vielleicht Ihr Leben riskiert haben?" Wir schauten uns alle betroffen an. Diese Frage müßte jeden Menschen sein Leben lang begleiten, besonders bevor es zu spät ist.

Eine gefährliche Begebenheit ist mir noch mit Angst im Nacken in Erinnerung.
Mein Studienfreund Wiegand und ich erhielten zum gleichen Tag im April 1943 einen Untersuchungs- und damit Gestellungsbefehl der Waffen-SS. Wir begaben uns zu der befohlenen Stelle, reihten uns in die Wartenden ein, zeigten dem empfangenden SS-Mann einen Himmlerbefehl, daß nur Freiwillige in die Waffen-SS aufgenommen

werden dürften. Wir wären wohl irrtümlich einberufen worden. Man sonderte uns sofort ab, damit wir die anderen nicht aufmerksam machten.

Wir erfuhren später, daß derjenige, der einer Untersuchung zugestimmt hätte, sein Einverständnis gegeben haben würde. Man befahl uns in einen Extraraum. Dort saßen sechs SS-Offiziere, die uns nun verhörten. Weshalb wir es ablehnten, in der SS zu dienen? Wir stotterten irgendwie herum: Wir wären im Studium, Ärzte würden doch dringend benötigt, dazu reichte sicher unser Kräfte- und Gesundheitszustand nicht für diese Truppe aus, wir wollten Sie nicht blamieren, wir wären auch nur g.v.H. (garnisonsverwendungsfähig Heimat) geschrieben.

Nach einigem Hin und Her trug man uns als „Verweigerer" in ein Buch ein. Dazu mußten wir mit unserer Unterschrift bestätigen, daß wir es ablehnten, für „Führer, Volk und Vaterland in der stolzesten Truppe der Nation zu kämpfen."

Dann wurden wir unsanft hinausgewiesen.

Zitternd standen wir draußen. Was würde nun geschehen? Gefahr war im Verzug, die Möglichkeit einer Verhaftung bestand in jedem Fall.

Wir hatten gerade das 3. Semester hinter uns, es wäre gut, wenn wir noch das 4. hätten absolvieren und mit dem Physikum abschließen zu können.

Ein lässiges Abwarten war zu riskant. Der deutsche Adler hatte schon sehr viele Federn gelassen, und ein verwundetes Tier ist gefährlich.

Mein Vater ging zum Chef unseres Wehrbezirkskommandos, der volles Verständnis für meine Situation hatte.

Dieses Verständnis begriffen wir erst später, denn er war ein Gegner des Regimes und wurde wegen Beteiligung am Attentat auf Hitler, am 20.07.1944, hingerichtet.

7. Studienunterbrechung - Militär!

Er veranlaßte, daß ich umgehend zur Infanterie nach Berlin-Spandau in die Seektkaserne einberufen wurde. Das war der Tag, an dem ich mit dem Film „Gefährlicher Frühling" für einige Wochen nach Freiburg gegangen wäre.
Bei der freudigen Mitteilung über dieses Engagement sagte meine Mutter: „Junge freue Dich nicht zu sehr, um so größer wird die Enttäuschung sein!"
Das war es dann auch.
Also ade Charité!

Derjenige, der bei Hitler Soldat gewesen ist, weiß, wie hart die Ausbildung war. Einen Vorgeschmack hatte ich beim Arbeitsdienst bekommen.
Da ich außer der Reihe eingezogen wurde, und damit 14 Tage später zur Truppe kam, fehlten mir die Grundausbildung und Verhaltensweisen, so daß ich allerlei aus Mangel an Kenntnis falsch machte. Damit zog ich mir den Zorn der Ausbilder zu, auch auf dem Schießplatz. Man mußte von rechts auf die Pritsche springen, ich tat es von links und wurde entsprechend „angeschissen". Trotzdem, ich wurde der drittbeste Schütze der Kompanie. Die ersten 20 durften zur Eiskunstveranstaltung mit Maxi Herber und Ernst Beier.
Auf der Fahrt zum unvergessenen Sportpalast verlor ich meine Truppe im Gedränge aus „Versehen mit Absicht" beim Umsteigen am Zoo. Dort ging ich erst einmal Kaffee trinken ins Kranzler, vergaß die Toilette zu besuchen und ging in das öffentliche Örtchen. Nun, dort standen auch einige Offiziere. Sollte ich nun grüßen? Ich tat es mit Hacken zusammenknallen. Ein alter Offizier-Haudegen sagte: „Du kannst doch hier nicht so dienstgerecht grüßen, nur mit dem Kopf den Gruß andeuten genügt. Ich kann doch das „Ding" nicht loslassen und mir die Hose vollpinkeln."
Wieder etwas gelernt.
Der weitere Verlauf meiner Militärdienstzeit hat wenig mit der Charité zu tun, auch wenn ich zeitweilig im Sinne der „Barmherzigkeit" als Sanitätssoldat eingesetzt war.
Nach Spandau kam ich in ein großes Stammlager, von dem aus die Gefangenenbewachung in den einzelnen Kommandos im Oderbereich gesteuert wurde.
Ich hatte mit Soldaten aller „Feindnationen" zu tun. Wir hatten nach kurzer Standpunktklärung einen guten Kontakt miteinander. Wir haßten uns nicht.
Eine Zeitlang hatte ich selbst ein kleines Russenkommando, wo die Gefangenen ein Gut bewirtschafteten.

Im Nebenort befand sich ein Hochsicherheitslager mit Geheimpolizeiangehörigen und russischen Offizieren. Es war interessant, sich mit ihnen zu unterhalten. Sie versicherten mir, daß Stalin den seelenverwandten Diktator Hitler sehr schätzte. 1941 hätte die Sowjetführung nicht mit einem Angriff gerechnet, und sie nahmen an, es handelte sich um ein Manöver.
Auf der einen Schiene erhielten wir Öllieferungen, und auf der anderen wurden unsere Invasionstruppen befördert.
Dann wurde ich nach Küstrin versetzt. Hier arbeiteten die Gefangenen in der Norddeutschen Kartoffelmehlfabrik. Ihr Lager war relativ groß, in Hufeisenform angelegt. Der Eingang befand sich zur Straße hin zur offenen Seite. Wir mußten mit alten, schweren 1. Weltkriegsgewehren Wache schieben. Auch hier suchte ich Kontakt zu den Gefangenen. Einige konnten z.T. sehr gut singen, sie hatten einen gemeinsamen Barackenraum. Mit selbstgebauten Balaleiken begleiteten sie ihren Gesang. Einer von ihnen hatte eine sehr wohlklingende lyrische Tenorstimme.
Wenn ich zwischen 20:00 und 24:00 Uhr Dienst hatte, sangen sie mir zur Freude. Ich saß im Dunkeln auf meinem umgestülpten Stahlhelm und stützte mich auf die alte Flinte. Vorn am Eingang paßten einige Russen auf, um mir für den Fall einer Offizierskontrolle Bescheid zu geben.
Es waren unvergeßlich schöne Abende.
Durch Sondermeldungen wurde man am nächsten Tag brutal in die Realität zurückgerufen.

Das Pendel schlug heftig gegen uns aus.

Auch die modernen Waffen: das MG 42, die 8,8 Flak, die hochtechnisierten Panzer, die neuen panzerbrechenden Waffen, die U-Boote, die von Wernher von Braun entwickelten V 1 und V 2-Raketen konnten den Krieg nicht wenden.
Das wurde vom Generalstab bereits 1943 erkannt.
Wir bauten Betonbunker an der Oder mit Schießscharten nach Osten und legten Schützengräben im Vorfeld Berlins an.

Ein Kapitalfehler der Alliierten war die stete Betonung einer bedingungslosen Kapitulation. Ohne diese kategorische Forderung hätten sich möglicherweise mehr hohe Offiziere den Putschisten am 20.07.1944 angeschlossen. Sie haben nur indirekt zugesagt. wie später bekannt wurde, wenn es gut gegangen wäre, hätten sie selbstverständlich mitgemacht.
Sie haben sich wie Pilatus ihre Hände in Unschuld gewaschen; und doch wurden einige von ihnen geopfert, hingerichtet!

Einige der führenden Köpfe waren: Von Hassel, Goerdeler, von der Schulenburg, von Trott zu Stolz, von Witzleben, Peter Graf York von Wartenburg, von Haeften u.a. Hätten sich mehr den Verschwörern angeschlossen, wäre es Major Remer niemals gelungen, nach dem Attentat durch Graf Staufenberg, den Versuch einer Befreiung von dem Diktator zur Rettung Deutschlands zu vereiteln. Ich höre noch die beschwörenden Aufrufe von Joseph Goebbels und dann die matte Stimme Hitlers.

Eine sofortige Verhaftung der verantwortlichen „Attentäter" und ihrer Mitverschworenen begann. Ihre Rehabilitation erfolgte erst in den letzten Jahren. Freislers Witwe jedoch erhielt recht bald eine Pension!

Der Prozeß des Volksgerichtshofes unter Vorsitz von Freisler, der ausschnittweise im Fernsehen gezeigt wurde ab dem 7. August 1944, war ein Tiefpunkt deutscher Rechtsprechung.

Es sind fast 5.000 wertvolle Menschen, die das deutsche Volk vor der sich vollziehenden katastrophalen Niederlage, der vollständigen Besetzung, dem Tode hunderttausender und der Zerstörung unersetzlichen Kulturgutes bewahren wollten, die hingerichtet wurden.

Diese Geschehnisse erschütterten uns zutiefst und ließen uns Furcht haben vor dem weiteren Verlauf der auf uns zukommenden Ereignisse, in die wir eingebunden waren und keinen Einfluß hatten.

Im Spätsommer 1944 wurde ich zum Sanitätsoffizierslehrgang nach Guben/Oder: Mückeberg III abkommandiert. Nach einem langen Fußmarsch kam ich in der Kaserne an, meldete mich auf der Schreibstube und bekam einen Laufzettel. Ich erfuhr, daß ich zwischen 2 Lehrgängen angelangt war. Also wurde ich zu den verschiedensten Übungen eingeteilt bis die neuen Mitglieder erschienen.

Es waren 15 Ärzte, Zahnärzte und 12 Studenten.

Diese Gemeinschaft, die sich sehr schnell zu einer Einheit zusammenfand, hatte 2 Ziele, die erste, welche das Examen Physikum oder Staatsexamen bestand, erhielt einen Sanitätsoffiziersrang und die 2. wurde zum Frontoffizier gemacht. Die erste Gruppe wollte die Prüfung bei diesem Lehrgang bestehen, die 2., um nicht Frontoffizier zu werden, bemühte sich, durchzufallen. So gab es die unmöglichsten Antworten und sogar Befehlsverweigerungen. Es waren Soldaten z.T. mit besonderen Auszeichnungen und längeren Frontdiensterfahrungen, während die Ausbilder zumeist nach Gefangenschaft zum Sanitätsdienst in Deutschland mit der Verpflichtung, nicht mehr an die Front abgestellt zu werden, ausgetauscht worden sind.

Es gab Gefängnisstrafen und Degradierungen. Auf meiner Stube gab es keinen Spitzel. Uns war völlig klar, daß der Krieg verloren war. Wir sahen das auch an den Flüchtlingen, die langsam aus dem Osten heranrollten. Durch den Sohn eines hohen SS-Offiziers, der unseren Sinnes war, hatten wir einen großen Weltempfänger, über den wir von den „Feindsendern" genau orientiert waren, wie es an den Fronten und in der Heimat aussah.

Zum Abschluß des Lehrganges fanden die Prüfungen statt. Die Soldaten der einen Gruppe beantworteten schwere Fragen mit Leichtigkeit richtig, und diejenigen der anderen Gruppe gaben unmögliche Kommentare. Am Ende der Prüfung mußte jeder zu einem bestimmten, auch politischen Thema eine Ansprache halten.

Ein stiller, freundlicher Unteroffizier Mick erhielt das Thema: „Adolf Hitler, sein Leben und sein Werk!" Mick ging zum Rednerpult und sagte kreidebleich mit fester Stimme; „Ich habe zu diesem Thema keinerlei Beziehung!" Der unglaubliche Mut ließ uns erstarren. Es war absolut still, wir hielten alle den Atem an. Was würde der prüfende, auch blaß gewordene Oberstabsarzt, dessen Anständigkeit wir zu kennen glaubten, jetzt machen?

Er fand keine Worte, beendete die Prüfung und kam abends in unsere Stube.

Auch wir waren z.T. entsetzt, fürchteten um Micks Freiheit und sein Leben. Wir hätten dem stillen, jungen Mann diesen Mut eigentlich nicht zugetraut. Auch wir waren, da wir dieses „defaitistische Subjekt" in unseren Reihen duldeten, gefährdet. Wir sagten uns: Jetzt ist alles egal!

In dieser Stimmung haben wir den Oberstabsarzt - man kann sagen - rückhaltlos aufgeklärt. Es war November 1944. Wir teilten ihm die Nachrichten des englischen und amerikanischen Senders mit, daß die Alliierten eine bedingungslose Kapitulation forderten, daß im Gespräch der Morgentauplan wäre, der vorsah, Deutschland in zahlreiche, kleine Agrarländer aufzuteilen, die Industrie auf den kleinsten Stand zu halten usw. Der Krieg wäre mit Sicherheit verloren.

Um Mitternacht sagten wir, er hätte unser Schicksal in der Hand. Durch seine Meldung würde er unser Todesurteil unterschreiben. Er müsse mit seinem Gewissen entscheiden. Er schwieg, wir dachten, er hätte möglicherweise sogar Hochachtung vor diesem Mut.

Die meisten haben den Lehrgang mit Erfolg abgeschlossen. Am nächsten Abend wurde in „Mutter Klamkes" Weinstube Abschied gefeiert.

Ein Rehragout (sicher Wilddiebsgut) und der berüchtigte selbstgekelterte Obstwein, der am nächsten Tag üble Kopfschmerzen bereitete, beschlossen den Lehrgang.

An der Wand fand sich der Spruch:

Ist er jung vom Tod getroffen,
sagt der Arzt: er hat sich tot gesoffen!
Lebt noch einer von den ganz Alten,
den hat Mutter Klamkes Wein erhalten!

8. STUDENTENKOMPANIE BERLIN! PRÜFUNG ZUM PHYSIKUM!

Als Examenssemester wurden wir wieder nach Berlin zurückbeordert, und der Studentenkompanie, deren Sitz die Charité war, beigegliedert.
Plötzlich sollte man nach 1 ½ Jahren soldatischem Dienst wieder lernen.
Die Lage Deutschlands befand sich vor dem Zusammenbruch. Die Alliierten waren auf allen Fronten auf dem Vormarsch, und Berlin wurde fast täglich mit Luftminen und Brandbomben heimgesucht.
Wozu dann arbeiten, hatte alles noch einen Sinn? Nun, wir taten es. Die Vorlesungen fanden noch statt, z.T. in behelfsmäßigen Hörsälen, die kaum beheizt waren.
Mir war ein Zimmer in der HNO-Klinik zugewiesen, wir mußten uns recht und mehr schlecht über Lebensmittelkarten selbst versorgen.
Trotz allen Unbills waren wir recht unbekümmert, hofften zu überleben oder auch nicht, unsere Prüfungen noch machen zu können, feierten sogar mit Urlaubern manch ein Fest, das auch von einem Fliegeralarm unterbrochen werden konnte.
Die Staatsoper, einmal ausgebombt und wieder aufgebaut, hatte noch einen praktisch vollen Spielplan. Die Fidelio-Aufführung ist jedem, der sie gesehen hat, in bleibender Erinnerung. Es war eine geniale Inszenierung mit großer Besetzung. Die Befreiung vom Bösen hatte Symbolcharakter.

Der Krieg ging weiter. Im Berliner Oberkommando ging alles durcheinander. Man wollte die Stadt an der Oder verteidigen, stellte sich aber auf eine Eroberung ein, denn die Russen hatten Ost- und Westpreußen besetzt, der Balkan und Italien waren verloren, und die Amerikaner waren über den Rhein vorgestoßen. Wir hofften, die Führung würden zugunsten des Volkes aufgeben.
Die Generale gehorchten dem Führer, und damit folgten sie ihm bis zum bitteren Ende.
Kaum hatten wir Quartier in der Charité befehlsgemäß genommen, wurden wir auf einzelne Berliner Lazarette verteilt. Dann führte mich ein Kommando nach Kyritz. Nach einer Woche wurde ich zurückbeordert. Es war ein Chaos: Die Vorbereitung auf das Examen!
Jetzt mußte ich in das jüdische Krankenhaus in der Iranischen Straße, das noch zur Hälfte jüdisches Krankenhaus war, einziehen. Es war zum Lazarett umfunktioniert. Ich hatte ein Zimmer im 3. Stock zugewiesen bekommen. Wegen der häufigeren Angriffe war das kein gutes Quartier. Die von mir selbst gekauften Lehrmittel und Bücher ermöglichten überhaupt eine Examensvorbereitung. Deshalb schleppte ich sie bei jedem Angriff, gestapelt und mit Lederriemen

zusammengehalten stets mit in den Keller, auf der einen Seite, auf der anderen meine histologische Präparatensammlung und das Mikroskop. Zusammen wog das ca. 1 Zentner.

Licht gab es nicht, die Fenster waren mit Pappe vernagelt, so habe ich bei Talglicht gearbeitet und mikroskopiert.

Überall, wo ich ging und stand, ob beim Warten auf Lebensmittel, beim Essen im Restaurant, ob in der U- oder S-Bahn, überall versuchte ich zu lernen. Zum Geburtstag meines Vaters, am 21.01.1945 war ich in Friedrichshagen. Kaum hatten wir angefangen Kaffee zu trinken, erreichte mich der Befehl, sofort aufzubrechen und wieder nach Guben zum Sanitätstruppenteil Mückeberg III zu fahren.

Erst zum Lazarett die Lehrmittel sicherstellen, dann mit Marschbefehl gen Osten.

Mit einigen Kameraden fuhren wir in einem total überfüllten Zug los. Wohl war uns nicht, jetzt ein paar Tage vor dem Ende in den Hexenkessel gehen zu müssen, möglicherweise in sowjetische Gefangenschaft. Nach vielen Stunden kamen wir - nach langer Nachtfahrt - am Bahnhof an. Wir gingen den alten Weg, den wir vor nicht einmal 3 Monaten manches Mal entlanggeschritten waren. In den frühen Morgenstunden langten wir am Ziel an.

Wir wurden, nach Meldung auf der Schreibstube, sogleich eingekleidet. Erstaunlicherweise standen gute und neue Sachen zur Verfügung.

Wir wurden als Operationsassistenten den einzelnen Sanitätskompanien zugeteilt, die neu zusammengestellt wurden.

Meine Kompanie hieß: „Unternehmen Löwe".

Alte, z.T. Kranke, nicht Kriegsdienstverwendungsfähige stellten den Hauptteil der Truppe. Nach einigen Tagen kam nachts der Befehl zum Aufbruch, wir wurden aus dem Schlaf gerissen. Die Sachen, die noch für den Sanitätsdienst zur Verfügung standen und unsere persönliche Ausrüstung packten wir zusammen.

Als wir abmarschbereit waren, kam der Widerrufungsbefehl. Aber nach einer weiteren Woche sollte es am nächsten Tag wirklich losgehen, ein Güterzug würde bereitstehen.

Jetzt, wo es ernst wurde, bekamen wir doch Angst. Der Onkel eines Mitstudenten war Generalarzt. Der Kommilitone rief den Onkel an, er solle, doch einen Befehl nach Guben kabeln, daß die Examenssemester umgehend nach Berlin zurückzuschicken wären. Es ging gut.

Wir packten schnell unsere Sachen und begaben uns eilends zum Bahnhof mit neuem Marschbefehl. Die Bahn war durch Flüchtlinge so überfüllt, daß manch einer auf den äußeren Trittbrettern stand, nur um mitzukommen.

Vor der Kaserne, auf allen Straßen zogen die Flüchtlinge mit Pferd und Wagen und zu Fuß in unendlicher Kolonne vorüber.

Die schrecklichsten Berichte hörten wir von diesen armen Menschen, die Haus und Hof verlassen mußten, und einem ungewissen Schicksal entgegengingen. Viele hatten Tote zu beklagen, die gefallen, unterwegs erfroren oder durch Krankheit gestorben waren. Manch eine Familie kam aus Ostpreußen und war Tag und Nacht auf der Landstraße oder Feldwegen, weil die Straßen durch Militär blockiert gewesen sind. Unterwegs brach manch ein Pferd zusammen, es konnte den schweren Wagen, oft ohne Futter, nicht mehr ziehen.

Bei diesem Elend kam mir eine Sendung des französischen Rundfunks in den Sinn, in der eine Frau, die diesen Exodus - man sagt heute „ethnische Säuberung" - miterlebt hat.

Etwa folgend klangen ihre Worte:

„Ein unsagbar trauriger Flüchtlingsstrom zieht über die Landstraßen Ostdeutschlands, Menschen und Tiere hungern, bleiben vor Erschöpfung auf den Straßen liegen und versperren den Nachfolgenden den Weg. Eine grimmige Kälte und eisiger Wind läßt die armen Lebewesen, Mensch und Tier erschauern.

Tief empfundenes Mitleid überkommt jeden, der ein Herz und Verstand besitzt. Weshalb muß immer wieder die Jugend für irgendein Vaterland geopfert werden? Viele, viele Kinderleichen säumen die Straßen, namenlos und vergessen, auf der Flucht erfroren......

Keine Blume wird jemals ihr Grab schmücken, nur eine Mutter wird ihr Leben lang um sie weinen.

Kinder unschuldig am Krieg - unschuldig starben sie. Die Verantwortlichen rührt das zumeist nicht. Schnee fällt und bedeckt die Erde mit seiner milden Last. Alles ist weiß und immer neue Flocken fallen. Es ist das Leichentuch, das sich über Deutschland senkt, Vergangenes der Ewigkeit übergebend:"

Ein derartiges Mitempfinden einer Französin hat mich damals und auch heute noch tief berührt.

Dieses wunderbare Mitleid war wie ein Lichtstrahl in dunkler Nacht. Es trug einen Hauch von Vergebung in sich. Wir hofften damals inständig, daß auch die Politiker, die sich in der Allianz gegen uns zusammengeschlossen hatten, erkennen, nur über Vergebung kann wahrhafter und dauerhafter Friede erreicht werden.

1947 hat Ricarda Huch(Abb.7) ein wunderbares Gedicht geschrieben:

Wüßt ich ein Lied, unser Elend zu singen!

Wüßt ich ein Lied, unser Elend zu singen,
unseren bitteren Gram, den Worte nicht fassen,
es würde Steine bewegen und Eisen durchdringen,
und wer es hörte, würde uns nicht mehr hassen.

Es gibt Unglück, das gleicht schwarzen Gewändern,
die umgeben den, der es trägt wie eine Mauer,
singt ihr und tanzt in bunten Bändern,
aber geht still vorüber an seiner heiligen Trauer.

Er wachte nachts bei seiner geliebten Leiche,
er folgte dem Scheidenden auf seiner dunklen Reise.
Er war zu nahe dem Totenreiche;
zieht den Einsamen nicht in eure geschäftigen Kreise.

Es gibt Unglück, das wie ein himmlisches Feuer,
mit unsrem Glück zugleich unsre Schuld verzehrte.
Schwer wie die Schuld war das Lösegeld teuer:
Wir haben bezahlt, was der wägende Richter verlangte.

Wir haben keine Heimat, keine Zuflucht auf Erden.
Wir schleppen wunde Füße in zerrissenen Schuhen.
Wir haben keinen Acker, keine Weiden, keine Herden.
Wir haben kein Bett, um nachts darin zu ruhen.

Wir drängen uns hungernd auf harten Wegen.
Wir betteln von Bettlern das Brot aus leeren Spinden.
Wir haben keinen Mantel in Frost und Regen.
Wir sind dankbar für Lumpen und trockene Rinden.

Wir haben keine Tochter, keinen Sohn uns zu stützen.
Das Kind hat keinen Vater, das Kranke zu retten.
Wir sterben am Wege, im Graben und in Pfützen.
wir haben keine Ruhestatt unsere Toten zu betten.

Wir suchen unsere Häuser zwischen wüsten Steinen,
wir finden einen Balken, ein Brett, ein paar Stufen,
wir wühlen in der Asche nach Schmuck und Gebeinen,
wo drunten klagende Stimmen uns geisterhaft rufen.

Wir genießen der Toten Freiheit und Frieden,
Entrückt schon auf Erden dem Streit und dem Hohne,
wir Gefährten der Nacht, von den Freien gemieden,
wir geglüht mit des Unglücks blutiger Krone.

Dieses Gedicht ist ein Widerschein dessen, was die Menschen damals durchlitten haben. Und es erleben in aller Welt auch heute Menschen das gleiche Schicksal durch Haß und Krieg, von gewissenlosen Poltikern entfesselt. Diejenigen, denen es gut geht, verschließen Augen und Ohren, und die Rüstungsindustrie profitiert, strebt Wachstum an.

Nach langer Fahrt mit vielen Unterbrechungen sind wir wieder in Berlin angekommen. Hier erfuhren wir die neusten Nachrichten aus dem englischen und amerikanischen Rundfunk.
Vom 04.02. - 11.02.1945 haben sich die 3 Staatsmänner Roosewelt, Churchill und Stalin auf Yalta zu einer Konferenz zusammengefunden.
Es wurde beschlossen, Deutschland in Zonen zu teilen nach bedingungsloser Kapitulation, Industriedemontagen und Reparationen in unbekannter Höhe waren vorgesehen.
Roosevelt war ein kranker Mann, der 2 Monate später starb. Er konnte Stalin keinen Widerstand entgegenbringen, Churchill warnte dagegen, daß man sich nicht mit einem sterbenskranken deutschen Volk in der Mitte Europas belasten sollte. Er sah voraus, daß es unmöglich wäre, eine Kuh zu schlachten und zu melken.
Es zeigte sich bald, wie sehr die Politiker den Frieden verspielen würden, den die Militärs gewonnen hatten, Churchill war auch nicht bereit, die großen Gebietsforderungen der Sowjets zu tolerieren. Nach seiner Abwahl änderte die neue englische Regierung ihren Standpunkt,, und die Amerikaner übernahmen die ursprüngliche britische Einstellung.

Dann wurde beschlossen, Berlin jeden Tag mindestens einmal zu bombardieren.

Das war selbstverständlich eine schwere psychophysische Belastung, vor allem auch durch die Störung der Nachtruhe.

Wie sollte man sich da auf das Examen vorbereiten? Ich mußte ca. 100 Seiten täglich durcharbeiten, um einigermaßen das Pensum zu schaffen. Die Fliegerangriffe und die Belastung der Essensbeschaffung brachten diesen Plan laufend durcheinander.

Zu jeder Zeit oben bei Talglicht, unten im Luftschutzkeller mußte ich sehen, wie ich weiterkam. Es war Februar und bitter kalt. Da saß ich in Decken eingehüllt, Mütze über dem Kopf und Ohren, mit Handschuhen und arbeitete.

Ab und zu mußte ich mich beim Stab in der Charité melden. Dort traf ich einen Stabsarzt aus Guben. Er berichtete, dass die Sanitätssoldaten ihre sie auszeichnenden Abzeichen entfernen mußten und bewaffnet wurden, obwohl das gegen die Genfer Konvention verstieß. Sie hatten auch keinerlei Erfahrung im Umgang mit den Waffen. Wegen zahlreicher Befehlsverweigerungen hätte es mehrere Hinrichtungen gegeben.

Die Bombenangriffe gingen mit unverminderter Härte weiter. Am 26.02. kamen 2.000 schwer bewaffnete Flugzeuge, die Welle um Welle ihre furchtbare Last abwarfen. Sie flogen wie bei einem Übungsmanöver in Vierecken von Jagdbombern umkreist. Eine Abwehr gab es nicht mehr. Die Flakbatterien sind durch im Sturzflug herunterstürzende Kampfflugzeuge in Sekunden vernichtet worden.

Die Bomber flogen nach einem teuflischen Plan, wenn der an einem Tag auf einer Straßenseite aufhörte, war oft am nächsten Tag alles ab der anderen Seite zur Vernichtung vorgesehen.

Abb. 8

Der "Totale Krieg" : Berlin brennt – ein Inferno!

An diesem 26.02. brannte der ganze Osten Berlins. Ich wollte versuchen zu meinen Eltern zu gelangen. Alles stand in Flammen. Am Alexanderplatz bot sich ein schauriges Bild totaler Verwüstung. Die riesigen Warenhäuser Wertheim, Hertie, das Berolina-Haus, ja alles brannte. Rauch, Qualm, Funken und brennende Holzteile flogen durch die beißende Luft. Die Sonne war verfinstert, ein unheimlicher Sturm, entstanden durch Sog der heißen Flammen, jagte durch die Straßen. Nur mit nassen Tüchern vor dem Gesicht konnte man weiter vorwärts kommen, jeden Augenblick gewärtig, von einem zusammenbrechenden Haus erschlagen zu werden. Als ich den Alexanderplatz verlassen wollte, ertönte hinter mit ein furchtbares Krachen.

Abb.9

Hertie Kaufhaus Berlin

Ich fuhr herum und sah die Erdkugel, die sich auf dem Warenhaus
Hertie befand, glühend in die Trümmer der brennenden Ruine sinken.
Das schien symbolhaft das Ende der Welt zu sein. Ich stolperte weiter
gen Osten. Zahlreiche, teils angekohlte Leichen lagen auf den Straßen,
von Verzweifelten aus den brennenden Häusern gezerrt oder getragen.
Hausrat von tapferen Frauen herausgeschleppt, lag auf dem
Bürgersteig und fing zum Teil noch Feuer durch die herumfliegenden
Funken.
Die große Frankfurter Straße war an vielen Stellen durch
Bombentrichter aufgerissen, die U-Bahn dort unten war für viele eine
Fluchtburg. Es haben sich furchtbare Tragödien abgespielt.
Jeder, der Hitler nur eine Andeutung von diesen Geschehnissen
berichtete, wurde angeschrien; er wollte nichts davon wissen. Nur
Goebbels zeigte sich einige wenige Male auf den Straßen.
Der sinnlose Kampf wurde weiter aus dem Führerbunker unter der
Reichskanzlei befohlen. Diese Bilder verfolgten mich. Es war sehr
schwer, sich zu konzentrieren. Zum Glück hatte es meine Eltern nicht
betroffen, nur das Dach des Hauses meiner Eltern, war etwas
abgedeckt.

Also trotz allem schritt ich zur ersten Prüfung: Physik. Das Institut
von Prof. Gerthsen, dem ausgezeichneten Experimentalphysiker stand
noch.

In der Nacht vor dem Termin war einer der schwersten Luftangriffe. Der Professor erschien nicht zur festgesetzten Zeit: 9:00 Uhr. Wir hatten uns pünktlich eingefunden, 4 an der Zahl. Es wurde 10:00, 11.:00, 12:00 und 13:00 Uhr. Der Hunger nagte, wir hatten meist nur trockenes Brot mit irgend etwas drauf im Magen.

Jetzt kam der als Prüfer gefürchtete Assistent. Auch das noch, wir waren schon ganz „weich" vom Warten. Da erschien Prof. Gerthsen, er ist 5 Stunden durch die brennenden Trümmer gelaufen, um uns zu prüfen. Erschöpft bat er uns in sein Zimmer, ließ uns Platz nehmen. Er sah einen Luftwaffenfeldwebel als Dienstältesten, dem er die Frage nach dem Hebelgesetz stellte. Der Feldwebel sagte, er wäre darauf nicht vorbereitet. Gerthsen erstarrte.

„Jeder Straßenfeger mit seiner Kehrtätigkeit, jeder Bauer mit seiner Mistforke, Sie, der Sie mit Messer und Gabel essen, wendet das Hebelgesetz an. Haben Sie jemals etwas von einem Hypomochleon gehört. dem Dreh- und Angelpunkt eines Hebels?" Dann führte er es mit einem Bleistift und einem Lineal vor. Er prüfte ihn weiter und fragte ihn, ob er vielleicht irgendein Gebiet hätte, auf dem er ein wenig Bescheid wüßte. Gütig stellte er dann dieses Gebiet betreffend einige Fragen, und ob er mit einem „Befriedigend" einverstanden wäre. Er nähme an, daß er ihn als Prüfling nicht noch einmal sehen wolle. Er hätte nicht den Wunsch.

 Dann ließ er sich noch etwas über das Unvermögen der Mediziner, physikalisch zu denken aus.

Der Nächste war ein As, der ihn besänftigte. Für den Könner gab es eine „eins". Nun war ich an der Reihe. Mein Vater, ebenfalls Physiker, stellte mir einige Tage zuvor eine Anzahl von einfachen Fragen, die ich nicht beantworten konnte. Ich bemerkte, ich hätte ja noch ein paar Tage Zeit, der Professor möchte doch nur einige Gesetze erläutert haben. Mein Vater meinte, es wäre eine Frechheit, so mangelhaft präpariert in die Prüfung zu gehen. Durch die Zeitumstände hatte ich absolut nicht mehr Zeit, mich vorzubereiten, und ich wollte vor dem Zusammenbruch mein Examen in der Tasche haben. Man muß seinem Glück auch eine Chance geben. Prof. Gerthsen stellte mir einige Fragen, die ich recht und   schlecht beantwortete,   aber   seiner   Meinung   ungewöhnlich   logisch. Abschließend sollte ich ihm erklären, nach welcher Berechnung die Höhenlienien auf der Landkarte entstünden. Nun, ich erinnerte mich, dass da Sinus und Kosinus im Spiele wären. Er fand das zwar etwas falsch, aber wegen des physikalischen Verständnisses nicht schlecht. Er gab mir ein „Gut". Als er das eingetragen hatte und meinen Namen las, fragte er, ob mein Vater der und der Physiker wäre. Ich bejahte, und er meinte, daß ich wohl deshalb ein physikalisch denkendes Hirn hätte. Meinem Vater das erzählend, sagte er nur: „Das muß ja ein Idiot sein, Dir eine 2 zu geben".

Als nach dem Krieg mein Vater wegen eines Lehrauftrages mit Gerthsen verhandelte, und er sich stundenlang mit ihm unterhielt, sagte er nur: „Ich werde nie begreifen, daß dieser außerordentlich kluge Mann Dir eine 2 gegeben hat".

Nach der Prüfung lud uns der glückliche Feldwebel in ein Fischrestaurant in der Behrenstraße ein. Hinter mir saß ein einfacher Landser. Als er anfing zu essen, krachte es so laut hinter mir, daß ich dachte, er zerkaut sein Gebiß. Er hatte sich Krebse bestellt und fraß sie mit Haut und Haaren. Der Kellner kam ihm zu Hilfe. Der Landser wäre evtl. wegen Selbstbeschädigung vor ein Kriegsgericht gekommen.

Unser Leben ging weiter. Ich versuchte so viel wie irgendmöglich in meinen Schädel hineinzupauken. Am 05.03.1945 hatte ich nach diesem vielfältigen hin und her die Chemieprüfung. Es ging wider Erwarten gut. Eine Woche zuvor war einer der schwersten Tages-Bomberangriffe. Schon wenn es hieß Bomberströme im Anflug aus Nordwest, dann flüchtete alles in die Keller oder Bunker.

Für Physik, Botanik und Zoologie hatte ich je 3 Tage Vorbereitung und sie bestanden, wider Erwarten, das letzte Fach am 12.03. Für die schweren letzten Prüfungen plante ich jeweils 4-5 Tage ein.

Physiologie schaffte ich auch zur Zufriedenheit. Es ist ein Phänomen, wie Dinge aus dem Gedächtnis hervorkamen, die ausgelöscht zu sein schienen.

Das nächste Fach war Physiologische Chemie. Prof. Lohmann, ein gefürchteter Prüfer hatte sich einer Mastoidoperation unterziehen müssen, aber es war im Gespräch, daß er in einer folgenden Woche wieder im Institut sein würde. So entschloß ich mich, noch am Freitag zu seinem Assistenten zu gehen. Ich wurde angenommen.

Die Vorbereitung war denkbar mäßig, aber die Praktika waren abgehakt.

Der Beginn lief gut: Eine Magensafttitration war richtig. Nun wurde ich bezüglich des Blutfarbstoffes gefragt, sollte die sehr komplizierte Formel aufschreiben. Ich mußte passen. Aber ich hatte doch die Skribte durchgearbeitet, das war nicht darin enthalten. Später stellte ich fest, der Kollege, dem ich sie geborgt hatte, entfernte diese Seiten.

„Kommen Sie noch einmal wieder". Was nun? Trotzdem weiter! 2 ½ Wochen hatte ich Zeit zur Vorbereitung auf die schwerste Prüfung: Anatomie! 2 Jahre lang hatte ich kein anatomisches Buch und kein mikroskopisches Präparat in der Hand gehabt. Jetzt bat ich doch, mich in die Lazarettverpflegung einzubeziehen, um Zeit zu gewinnen.

Ich arbeitete, soweit es die Fliegeralarme zuließen, 12-14 Stunden in Decken eingehüllt bei Talglicht. 180 mikroskopische Präparate mußten angesehen und eingeprägt werden. Für die mikroskopische Anatomie mußten hunderte von Seiten durchgearbeitet werden. Es schwirrte alles im Kopf herum, und der Bauch war hungrig.
Eines nicht fernen Tages, der viel zu schnell herangekommen war, ging ist zunächst zur embryologischen und histologischen Prüfung. Es lief gut, ich bekam sogar „sehr gut".
Am nächsten Tag mußte ich zur Anatomie-Hauptprüfung bei Prof. Stieve antreten.
Da ich in der Vorprüfung ein „sehr gut" hatte, wollte er mich auf eins prüfen, natürlich mit seinem Lieblingsgebiet: Hirnnerven.
Hier habe ich versagt. Nun ging es zu meinem Sezierpräparat: eine schrecklich fette Achselhöhle. Da wußte ich wieder gut Bescheid. Stieve war sehr nett und fragte mich, wieso es nicht besser lief. Nach der Schilderung meines letzten Winters, meinte er, dann wäre meine Leistung nicht schlecht, ob ich mit einem „befriedigend" einverstanden wäre. Ich zeigte ihm dankend mein Glück.

Nun fehlte mir nur noch Physiologische Chemie. Das wollte ich mir bis 'einen Tag' vor Kriegsende aufheben. So konnte ich in aller Ruhe, soweit man das sagen kann, meine Arbeit einteilen. Ich benötigte nur noch ein Buch und nicht mehr den zentnerschweren Ballast.
Ich besuchte Kino-, Theatervorstellungen und Konzerte, soweit sie noch zur Ablenkung des Volkes spielten.

So vergingen 3 Wochen, in denen sich der Zusammenbruch mit Katastrophen dem Ende zuneigte. Die Amerikaner überschritten nicht die Elbe, wir hofften, sie würden Berlin erobern, aber vereinbarungsgemäß überließen sie es den Russen. Diese standen vor den Toren der Stadt.

Am 20. April fuhr ich mit einer der letzten S-Bahnen nach Berlin-Buch, wo sich der Professor im Hirnphysiologischen Institut befinden sollte.
Am Bahnhof hörte man schon das dumpfe Grollen der Front, Bernau war bereits z.T. besetzt.
Einzelne Bomber und die berühmten Ratas schwirrten in der Luft. Es gab praktisch keine Flakabwehr mehr. Ich lief mit meinem Physiologiebuch in der Hand durch die Straßen, scheinbar unbeirrt von dem Geschehen. Die Menschen eilten ziellos und ängstlich durch die Gegend, sie warfen sich beim Anflug der Bomber in Löcher oder Gräben.

In einem Park in der Nähe des Institutes setzte ich mich auf eine Bank, um die wichtigsten Formeln noch einmal zu wiederholen.

Ganz wohl war mir nicht, denn ich bin ohne Marschbefehl losgezogen und hätte sogar hingerichtet werden können. Ich war tief in meine Studien vertieft, als ein Unteroffizier mit einem Stoßtrupp vorbeikam. Er fragte mich, was ich denn hier in aller Seelenruhe lesend auf der Bank machte.

Ich antwortete: „Ich bereite mich auf mein Examen im hirnphysiologischen Institut vor."

„Ach da bist Du entsprungen, sofort Marsch zurück!" „Kommt Männer, den hat's erwischt, der kann nichts dafür".

Ich lief weiter, das war mir doch sicherer. Im Institut angekommen, holte man den Prof. Lohmann aus dem Keller. Ich teilte ihm zu seinem Erstaunen mein Begehr mit, und er prüfte mich gemäß seiner Pingeligkeit: „Wieviel Tropfen nehmen Sie bei der Titration?" 8! „Nein, falsch, 9". Welche Färbung?" „Schwach rot". „Nein, schwach rosa!" Und so ging es weiter, aber zum Schluß bestätigte er mir die bestandene Prüfung. Einmal mußten wir sogar zwischendurch wegen eines Fliegeralarms in den Keller. Jedesmal, wenn ich Lohmann nach dem Krieg traf, fragte er mich, woher er mich kenne. „Der Letzte in Buch".

In der Nacht zum 21.04. wurde Lohmann in seinem Institut erobert. Mit dem wahrhaft letzten Zug fuhr ich nach Berlin zurück. Zweimal stoppte er wegen eines Fliegerangriffes, wir sprangen raus, warfen uns in den Bahngraben. Zum Glück wurden keine Leute verletzt, und der Zug konnte weiterfahren.

Glücklich kam ich im Lazarett an, ich hatte unter denkbar schwersten Kriegsbedingungen mein ärztliches Vorexamen bestanden. Da die Telefonverbindungen noch intakt waren, konnte ich meinen Eltern von dem Ergebnis Mitteilung machen. Auch als die meisten Vororte Berlins besetzt wurden, konnte man noch telefonieren. Das war auch die einzige Möglichkeit der Heeresführung, miteinander Kontakt zu halten.,

In der Rückerinnerung erscheint mir diese schwere Zeit der Prüfungen – nach zwei Jahren Unterbrechung durch Militärdienst – wie ein unwirklicher Traum.

Nicht einmal 7 Wochen, d.h. vom 5.3.45, dem Tag der ersten Prüfung bis zum 20.4. hatte ich Zeit, das gesamte Vorexamen zu absolvieren.

Die Bedingungen muß man sich einmal konzentriert vergegenwärtigen : äußerst dürftige Verpflegung, manchmal nicht mehr als einige Kartoffeln mit Salz zum Essen, dann die pausenlosen, schwersten Bombenangriffe, die ständige Angst und Lebensgefahr, der mangelnde Schlaf, die große geistige Anspannung, vieles Verdrängte ins Gedächtnis zurückrufen zu müssen und dann an mehreren Tagen dem großen Prüfungsstreß ausgesetzt zu sein!

Einige Kommilitonen haben es nicht geschafft, und einzelne Soldaten haben sich das Leben genommen, weil sie bei Versagen an die Front als normale und nicht als Sanitätssoldaten abgestellt worden wären. Der Krieg war aussichtslos verloren!

In unseren Breitengraden ist es heute unvorstellbar, zu welchen psycho-physischen Leistungen der Mensch unter derartigen Belastungen fähig ist.

Ich selbst kann mich nur in tieferDankbarkeit rückbesinnen, diese furchtbare Zeit so relativ gut bewältigt und überstanden zu haben.

9. DIE EROBERUNG BERLINS!

Ein visionäres Gedicht des unvergessenen Albrecht Haushofer, einem der großen aufrechten Kämpfer für die Freiheit, der kurz vor dem grauenhaften Ende am 23.04.1945 durch Genickschuß im Moabiter Gefängnis ermordet wurde, möchte ich der Schilderung vom „Finale" des „großen Krieges" voranstellen.

Dem Ende zu!

Die Stimmen, die von außen uns erreichen
sind schrill und heiser. Geiferndes Erschrecken
verrät der Hinkende. Die anderen recken
mit hohlem Schrei die toten Siegeszeichen.

Das Ende selbst wittern erprobte Toren,
doch kann der Krieg nicht enden dieses Mal,
bis kein Gefreiter mehr, kein General
behaupten darf, er wäre nicht verloren.

Was half es, daß der wägende Verstand
die Rechnung führte bis zum Schluß!
Der Wahn begreift nur, was er fühlen muß.

Der Wahn allein war Herr in diesem Land,
In Leichenfeldern schließt sein böser Lauf,
und Elend, unermeßbar, steigt herauf.

Die Sowjetarmee hatte, nachdem sie die Oder überschritten nach einer Woche Berlin eingekreist. Am 16.04. begann der Sturm auf die Stadt. Granaten heulten und schlugen ein. Die Menschen packte Entsetzen.
Am 21.04. hatten die Amerikaner ihren letzten Luftangriff geflogen und überließen nun den Russen die Initiative. Dieses Datum hatte für Goebbels eine magische Bedeutung. Er suggerierte den Soldaten und der Bevölkerung, daß die USA sich gegen Rußland stellen würde. Erwähnte eine außergewöhnliche Wunderwaffe. Wir fürchteten, daß es eine Atombombe wäre. Ein weiterer Propaganda-"Schrei" bestand darin, daß die 12. Armee unter General Walter Wenck auf dem Vormarsch wäre, um Berlin zu entsetzen. In Wahrheit bestand diese Truppe zu 90% aus Jugendlichen, die weder genügend ausgebildet noch ausgerüstet war. Sie hatte auch nur 1/3 Sollstärke. Gegen unsere schwachen Verteidigungskräfte traten die russischen Verbände mit über 6.000 Panzern (der T 34 war hervorragend für jedes Wetter und

Gelände), zehntausenden Geschützen und Raketenwerfern (der
gefürchteten Stalinorgel), über 7.000 Flugzeugen und etwa 2
Millionen Soldaten zum Angriff an.
Die Kampfkommandanten für die Verteidigung Berlins wurden
mehrmals ausgetauscht und hatten keine absolute Verfügungsgewalt.
Der 1. war v. Hauenschild, der 2. Reymann, der 3. Weidling und der
4. Oberst Kaether ab dem 24.04.1945. Sie unterstanden den
Armeebefehlshabern erst Henrici, dann Krebs. Weidling wollte seine
Truppe in den Westen retten, mußte aber nach Berlin einschwenken.
Die Führer der deutschen und fremdländischen SS-Kampftruppen
unterstellten sich nicht der Wehrmacht, sie handelten in Eigenregie.
Der Volkssturm und die Kinder der Hitlerjugend waren irgendwie
dazwischen.
Der „Reichsverteidigungskommissar" Goebbels und Hitler nahmen
laufend Meldungen entgegen, wollten sie nicht wahrhaben und gaben
widersprüchliche Befehle. Am 30.04. nahmen sich Hitler und am
01.05. Goebbels das Leben. Sie entzogen sich der Verantwortung!

Es gab keine geordneten Verteidigungslinien, man konnte allenfalls
die Panzersperren dazu zählen, die einen Ring um die Innenstadt
bildeten. Wir lagen mit unserem Lazarett Iranische Straße unmittelbar
außerhalb.
So verworren und unkoordiniert die Verteidigung der Stadt war, ging
es auch uns betreffend zu. Der Befehl kam, die Leichtverwundeten ins
St. Hedwig-Krankenhaus zu bringen, das war ein ganz schöner
Marsch. Erst sollten wir dort bleiben, dann wieder zurückkehren. Nun
sollte das ganze Lazarett in die Große Hamburger Straße verlegt
werden. Noch einmal zurück! Das wurde aber stets beschwerlicher,
denn Mauertrümmer, brennende Häuser und Panzersperren
behinderten unser Vorankommen.
Nun sollten wir endgültig in der Iranischen Straße bleiben. Wir trugen
die Verwundeten in die Kellergänge, reihten sie ein, uns auch vor die
letzte Ecke in einem Raum, in dem sich die Schwestern befanden, um
sie vor Übergriffen zu schützen, obwohl das illusorisch war.

Eines Tages schreckte uns ein lauter Zuruf auf, der von einem jungen
Russen kam. Er schlenderte lässig herein, in einer Hand eine
Taschenlampe und in der anderen eine Maschinenpistole. Er schien
keine Angst zu haben, wir um so mehr. Die Goebbels'sche
Propaganda hatte doch eine gewisse Wirkung, die uns einhämmerte,
wir würden alle umgebracht.
Der junge Soldat verlangte nach dem Chef. Er kam, ihm wurde die
Uhr abgenommen, die Stiefel ausgezogen. Damit geschah die
Übergabe.

Am nächsten Tag wurden wir abgeführt. marschierten die Müllerstraße entlang nach Norden. In einem Hinterhof stellte man uns an eine Wand. Wir dachten, nun ist das Ende gekommen. Ein General vernahm uns über einen Dolmetscher. Er machte uns erst Angst, dann nahm er das Versprechen ab, daß wir verwundeten Sowjetsoldaten die gleiche Hilfe leisten sollten, wie unseren Leuten. Wir gaben jedes Versprechen,, und wir durften wieder zurück. Die Schwestern, die sich sehr gefürchtet hatten, waren glücklich.

Am 24.04. gelangten die russischen Truppen bis an die Panzersperre, und wir hatten einige von ihnen zu versorgen, aber wir mußten sie auch bergen, taten es mit weißen Tüchern, wurden z.T. von unseren Leuten beschossen.

Die ganze Situation wurde mir langsam unheimlich. Eines nachts begab ich mich mit einer Flasche Schnaps und Tabak in das deutsche Gebiet und tauschte mir dafür Zivil ein. Das war gefährlich, denn man könnte annehmen, ich wolle desertieren. Dafür wurde manch ein Soldat oder Bürger an einem Laternenpfahl aufgehängt.

Sollte es sich ergeben, daß sie in die Gefangenschaft gebracht würden, hätte ich mir, wenn es die Möglichkeit gäbe, die Zivilkleider unter die Uniform gezogen.

Das jüdische Krankenhaus hatte unterirdische Verbindungsgänge, über sie konnten wir mit den wenigen noch verbliebenen Juden, die eine gleiche Angst wie wir hatten, Kontakt halten.

So lernte ich einen kennen, der eine Woche zuvor nach 4 Jahren KZ hier eingetroffen war. Wir hatten gute Gespräche miteinander.

Er beschaffte mir, einem deutschen Soldaten, einen Judenstern, den ich noch heute besitze, und ein Entlassungspapier aus seinem Krankenhaus.

Ja das war echte Barmherzigkeit - Vergebung!

Zum Glück benötigte ich seine Großherzigkeit nicht.

Wieder mußten wir einen ganz jungen Russen bergen, er hatte einen Bauchschuß und weinte sehr vor Schmerz. Die Dolmetscherin übersetzte seine Worte: „Ich möchte doch noch leben".

Zum Glück hatten wir 2 ausgezeichnete Operateure, den Chef des jüdischen Krankenhauses und einen Unteroffizier, der im Feldlazarett als Medizinstudent seine Erfahrungen gewonnen hatte. Ob sie den Jungen retten konnten, weiß ich nicht, denn Unvorhergesehenes, wie es in der Bibel heißt, trifft alle.

Telefonisch bekamen wir den Befehl, daß sich ein Teil der Lazarettbesatzung in den Gesundbrunnenbunker zu begeben hätte. Das Los fiel auch auf mich, da die Leitung den Verdacht hegte, ich würde doch bei bester Gelegenheit abhauen.

Der Weg bis zum Bunker betrug vielleicht 2 Kilometer. Wir mußten nur die Iranische Straße und die Badstraße durchlaufen, dann wären wir da. Es ging nicht so einfach. Die Badstraße war einsehbar und wurde von russischen Scharfschützen beschossen. Also machten wir einen Umweg über Nebenstraßen und wurden, als wir an den Mauern entlang schlichen, von einem einarmigen Hauptmann und Ritterkreuzträger angeschrien: „Ihr Feiglinge schleicht Euch an den Mauern entlang. Dicke Mauern machen feig. Deutsche Soldaten gehen aufrecht auf der Straße. Wenn ich Euch noch einmal so sehe, lasse ich Euch aufhängen". Am 23.04.1945 wurde ein Flugblatt verteilt, in dem es auszugsweise hieß: „Verräter sind sofort niederzuschießen oder aufzuhängen. Es gilt allein die Parole: Härtester und fanatischster Widerstand an allen Punkten. Seid wachsam! .... Die Stunde der Bewährung hat geschlagen!

Um die Ecke herum sprangen wir wieder von Hauseingang zu Hauseingang bis wir den Humboldthain erreicht hatten.

Ein furchtbares Trommelfeuer erschütterte die Erde. Die Russen hatten zum Sturmangriff auf den Bunker angesetzt. Ein Panzer rollte auf den Schienen der Ringbahn, zwei andere kamen über die Brücke in den Humboldthain. Wir sprangen über die S-Bahngleise und rannten um unser Leben. Ein gewaltiges Trommelfeuer umblitzte den Bunker. Wir sprangen in den Keller eines benachbarten Hauses.

Ich fragte einen der Soldaten, die sich mit mir im Keller befanden, ob man überhaupt in den Bunker gelangen kann. Er meinte, der würde vielleicht 1 x am Tag geöffnet werden. Der Versuch des Hineinspringens wäre glatter Selbstmord.

Plötzlich ein Schrei: „Panzerkommando raus, der Iwan kommt auf unser Haus zu!" Schon rummste es, ein Schuß ging oben in das Haus.

Das war nun für mich Alarmstufe I.

Ich zerriß meinen Marschbefehl und versuchte, mich zur Charité durchzuschlagen.

Abends um 21:00 Uhr langte ich dort an und mußte viel Auskunft geben, denn aus der Gefangenschaft angekommen, war eine Sensation.

10. WIEDER IN DER CHARITÉ!

Der letzte Oberstabsarzt und Kompaniechef der Studentenkompanie Dr. Klose befand sich noch hier und hatte von Generalarzt Sauerbruch den Befehl erhalten, die Unterbringung der operierten Verwundeten zu organisieren.

Er war sehr glücklich, daß ich erschienen bin, denn in dieser Funktion mußte man Vorbild sein, mit den Sanitätern und den Hilfskräften die Verwundeten in die Keller der umliegenden Kliniken bringen. D.h. man war ständig im Kugelhagel draußen. Ich durfte es tun. Ich mußte mich laufend informieren, wo noch in irgendeinem Keller ein Bett frei war. Man konnte nicht planlos die Verwundeten hin und herkarren, bzw. oft tragen. Die Schäden auf dem Gelände wurden durch den Beschuß immer größer, so daß die Tragen nicht immer gefahren werden konnten.

Irgendwo mußte ich mein müdes Haupt und den oft erschöpften Körper betten. Als ich fragte, lächelte man nur und meinte, ich solle mir einen Platz suchen. Den fand ich unter einem großen Tisch, auf dem ein Ingenieur schlief. Matratzen gab es ja in all den Kliniken, deren Keller nun belegt waren. Der Platz war im Vorraum des Dieselaggregates, welches Strom spendete. Es machte Tag und Nacht Krach, die Operationssäle benötigten Strom.

Das gesamte Personal befand sich in diesem relativ kleinen Raum. Mann an Mann, bzw. Frau an Frau lagen wir dort unten. Der Gestank durch die Dieselabgase war fürchterlich. Die meisten hatten fast stets Kopfschmerzen, und der Erschöpfungsschlaf war kümmerlich.

In unserer provisorischen Aufnahme wurden die Leichtverwundeten weitergeleitet, nur die Schwer- und Schwerstverwundeten blieben da. Es handelte sich um Kopf-, Brust- und Bauchschüsse, sowie Amputationen.

Es war eine furchtbare, unmenschliche Arbeit, welche die Ärzte vollbringen mußten.

Allen voran ist Geheimrat Prof. Sauerbruch zu nennen. Er hat unermüdlich die schwierigsten Operationen durchgeführt. Es wurde an drei Operationsstühlen in achtstündigem Rhythmus gearbeitet, tagelang, nächtelang. Zu berücksichtigen ist, daß die Tätigkeit in einem bombensicheren Bunker ausgeübt wurde. Ob das operative Personal in der Zeit irgendwann einmal frische Luft geatmet hat, weiß ich nicht mehr. Aber bei diesem Versuch ist manch einer von einer Granate erschlagen worden. Für meine Tätigkeit wurden mir 6 Sanitätssoldaten unterstellt, der Ingenieur Bernhard stand mir zur Seite und einige Polen, die aber bald verschwanden.

In den ersten Tagen bin ich nur im Dauerlauf gerannt, wenn ich keine Verwundeten transportierte. Bei der dürftigen Ernährung war das nicht durchzuhalten. Mit Bernhard dem Ingenieur auf dem Schlaftisch unterhielt ich mich häufig, und er sagte: „Gott wird denjenigen schützen, der Blumen und Tiere liebt, den Menschen hilft, wie wir es tun.“

Er hatte Recht, wir leben beide, und ich stehe mit ihm noch in Verbindung.

Der Beschuß nahm von Tag zu Tag zu. Wir schleppten die Verwundeten durch die Trümmer der Charité, über zerschlagene, umgestürzte Bäume und um Granatenkrater herum.

Ich hätte nie geglaubt, diesen Mut zu entwickeln, heute noch, jetzt, wo ich das schreibe, kommt mir alles ganz unwirklich vor.

Wir mußten langsam weitere Wege zurücklegen, da die nahe gelegenen Keller überfüllt waren.

Wir benötigten auch immer neue Matratzen, Die Frauenklinik im Norden des Geländes hatten wir noch nicht abgegrast. Wir stiegen in die oberen Etagen, und warfen die Matratzen aus den Fenstern nach unten. Plötzlich wurden wir von Scharfschützen gesichtet und beschossen, dann schlugen Granatwerfergeschosse ein. Also schafften wir die Matratzen innen herunter.

Etwa Ende April kam ich mit einem Pfleger der Nervenklinik über den Wahnsinn des Krieges, insbesondere zu diesem Zeitpunkt, in ein Wortgefecht. Es wäre ein Verbrechen, nicht zu kapitulieren und noch Tausende von Menschen zu opfern

Er war wütend, derartige Vaterlandsverräter müßten erschossen oder aufgehängt werden. Wie ich an einem Endsieg zweifeln könne.

Wir stritten uns laut, Prof. de Grinis ein berüchtigter NS-Arzt kam hinzu und fragte nach dem Grund des Streites. Zum Glück erzitterte in diesem Augenblick das ganze Gebäude unter dem Einschlag mehrerer Granaten, Kalk rieselte von der Decke, es staubte so, daß man sein Gegenüber kaum sehen konnte.
Schnell flüchtete ich und kam mit einem jungen Leutnant herein, der einen durchbluteten Kopfverband trug. aus dem ein paar blonde Locken hervorquollen. Einen Arm hatte er in einer Binde. Er fragte nach dem Chef, der zufällig nicht operierte und zugegen war. Er wolle

sich von einem tüchtigen Arzt ansehen lassen, ob evtl. seine Lunge
etwas abbekommen hätte. Nun stand er vor dem Tüchtigsten. In einem
Handgemenge mit einem russischen Offizier hätte dieser auf ihn
geschossen, aber er konnte ihm die Pistole entreißen und ihn
erschießen. Das sagte er in jugendlicher Art, als ob es um ein Turnier
und nicht um ein Menschenleben gegangen ist. Sauerbruch teilte ihm
mit, daß die Verletzungen nicht lebensgefährlich wären, er gehörte
aber in ein Bett. Er lachte und sagte, solange er noch laufen könnte,
wurde er seine Jungens nicht im Stich lassen. Wir fragten uns, ob er
jetzt noch an einen Sieg glauben würde.
Er war der Chef einer Einsatzkompanie, 250 Mann stark, nur aus
Jungen bestehend unter 20 Jahren, lediglich der Spieß war älter.
Der junge Offizier wollte als Belohnung für die freundliche
Untersuchung Geheimrat Sauerbruch Nougat, Zigaretten, Zigarren,
Tabak und Schnaps schenken für das Operationsteam, es müßten nur 2
Mann mitkommen. Sauerbruch sagte nur· kurz zu mir: „Du", dann
zeigte er auf einen jungen Arzt. Das war's.

Ohne allzusehr auf das Heulen und Einschlagen der Granaten zu
achten, ging der junge Leutnant, wie zu einem Spaziergang vor uns
her die Luisenstraße entlang. Wir waren den Seiteneingang
hinausgegangen. Hier konnten die Russen einsehen, das störte ihn
kaum. Dann bogen wir in die Schumannstraße ein bis zum Bunker.
Gegenüber in der Polizeikaserne war der Stützpunkt.
(Als ich später dort vorüberkam, war das Gebäude ausgebrannt. Zehn
Massengräber hatten die gerade dem Kindesalter entwachsenen jungen
Menschen aufgenommen. In den letzten, wahrhaft den letzten Tagen,
denn es war Anfang Mai.)
Wir beide liefen nicht so unbesorgt hinter dem Offizier hinterher. Der
Arzt hatte große Angst, während ich schon geübter im Abschätzen der
Gefahr gewesen bin. Manchmal rief der Leutnant : "Schnell in den
Hauseingang", wenn ihm das Heulen einer Granate verdächtig
vorkam. Glücklich erreichten wir die schützenden Mauern der
Kaserne. Wir nahmen das Versprochene in einen mitgenommenen
Bettbezug und ruhten ein wenig für den Rückweg aus.
Der junge Arzt schimpfte, dass Sauerbruch ihn wegen der
Genußmittel zu dieser fast Selbstmordaktion bestimmt hatte. Er wollte
nicht mehr raus, aber hier war es noch unsicherer als in den Mauern
des roten Kreuzes. Wir mußten also zurück.
Der junge Arzt voran. Er lief um sein Leben, ich konnte ihm nicht
folgen. Wir sprangen von Hauseingang zu Hauseingang. Plötzlich
heulte eine wahrscheinlich großkalibrige Granate, ich schmiß mich
lang hin. Das Haus vor mir wurde getroffen, es stürzte auf die Straße,
und eine große Staubwolke vernebelte das Gelände, eine gute

Gelegenheit über die Luisenstraße, in der ich mich bereits befand, zu springen, ohne von den Scharfschützen gesehen zu werden.

Den Sack mit sicher 15 Kg hatte ich noch bei mir. Als ich im Operationsbunker ankam, brach ein Jubel aus, denn der Arzt hatte von dem einstürzenden Haus erzählt, ich wäre sicher darunter begraben worden.

Die letzte Eroberungsphase ging mit einem furchtbaren Granathagel dem Ende entgegen. Die Schuld hatte eine Gruppe von SS-Männern, die, ohne Rücksicht auf die Charité, das AEG Gebäude angrenzend, mit einer Vierlingsflak besetzt hatten. Sie schossen, solange die Munition reichte, in Richtung Invalidenfriedhof und militärärztliche Akademie.

Etwa zu dieser Zeit kam ein Trupp mit einem Geschütz an der Invalidenstraße auf unser Gelände.Ich war zufällig in der Nähe, man sagte es mir entsetzt. Ich ging zu dem Geschützführer, einem Oberfeldwebel, schnauzte ihn, -als kleiner Gefreiter, der ich war, - an. Im Auftrag von Generalarzt Sauerbruch müsse er sofort vom Gelände des roten Kreuzes verschwinden, sonst würde er mit schweren Konsequenzen zu rechnen haben. Zum Glück zog er ab, sicher auch in den sinnlosen Tod.

Dann kamen eines Tages 20 Soldaten zu dem Pathologiediener, er solle ihnen zum Ausruhen Unterschlupf gewähren. Wenn sie sich ausgeruht hätten, wollten sie weiterkämpfen.

Der mutige Pedell schloß die Soldaten ein und sagte: „Ich lasse Euch hier nicht mehr raus, gebt die Waffen aus dem Fenster, ich werde sie beseitigen." So geschah es, vielleicht hat das einigen von ihnen das Leben gerettet. Die Waffen warf er in die Spree.

Über Telefon hatten wir mit der Außenwelt ab und zu Verbindung. So hörten wir, daß Hitler am 27.04. befohlen hatte, die S- und U-Bahntunnel zu fluten. Er war nicht davon abzubringen und kein Offizier besaß den Mut, das zu verhindern. In diesen Tunnels befanden sich hunderte von Frauen, Kinder, Soldaten und Verwundete, die dem Bombentod entkommen wollten. 10 Tage vor der Kapitulation mußten sie einen grausamen Tod auf Befehl des Führers erleiden. Man kann sich kaum vorstellen, was sich da unten abgespielt hat. Den Bombenterror, sicher viele, die auch die Flucht überstanden hatten, und nun dieses Ende.

Goebbels hatte im Sportpalast in einer denkwürdigen Rede den „totalen Krieg" ausgerufen. Jetzt traf er viele, viele Unschuldige und Andere, die glaubten, durch ihren Einsatz noch einen Umschwung zu erreichen.

So stand ich einmal mit Prof. de Crinis, Prof. Frieboes und Oberstabsarzt Klose in einem Flur. Berlin war abgeriegelt. Die Eroberung nahm ihren Anfang. Die drei „Klugen" sprachen über die Weiterführung des Krieges. Der Führer hätte die „Wunderwaffe" noch nicht eingesetzt, und die Entsatzarmee Wenck wäre im Anmarsch. In Berlin befänden sich starke kampferprobte Truppen, darum ein Ring Russen. Wenn jetzt Wenck mit seiner Armee käme, würden diese einen weiteren Ring um sie ziehen und sie vernichten. Ich konnte es nicht fassen, enthielt mich aber jeden Kommentars, da bekannt war, daß die Professoren der Partei verschworen gewesen sind.

Das Volk marschierte mit gebrochenem Herzen pflichtbewußt in den Tod oder Gefangenschaft.
Der Kampf ging weiter - jedes Haus, jede Straße, jede Brücke mußte einzeln erobert werden.
Kinder 14, 15 Jahre alt, Volkssturmmänner in z.T. hohem Alter und Soldaten verteidigten den Rest ihres Besitzes, ihr Leben, ihre Frauen, Schwestern und Mütter. Sie hörten von Flüchtlingen und über Telefon, wie grausam die russische Soldateska über die Frauen herfiel, wie alles, was irgendwelchen Wert hatte, geplündert wurde. Kaum eine Frau oder Mädchen entkam diesen Mann-Tieren. Ihnen wurde freie Hand gelassen, und sie wurden von ihren Kommissaren angetrieben. Das waren andere Menschen als diejenigen, die ich im Gefangenenlager kennengelernt hatte.
Wie sehr kann Demagogie und Haß Menschen verändern!

Für die russischen Soldaten war die Zivilisation ein Wunder, das Wasser sprudelte aus den Wänden, ein normales Klosett kannten sie nicht, auch nicht Kühlschränke, Radioapparate, Fotogeräte und das ganze technische Zeug, es war vielleicht vom Teufel, es wurde vernichtet.
Auch auf deutscher Seite wütete der Zerstörungsteufel. Die meisten der 136 Berliner Brücken, Aussichtstürme und vieles anderes, was den Russen beim Vormarsch dienen könnte, und deutsche militärische Objekte wurden gesprengt.
Einer der letzten Wehrmachtsberichte des Oberkommandos des Heeres lautete: Im Stadtkern verteidigt die tapfere Besatzung Berlin, um unseren Führer geschart, auf engstem Raum gegen die bolschewistische Übermacht. Unter schwerem feindlichen Artilleriefeuer und rollenden Angriffen dauert das heroische Ringen an. 1. Mai 1945! Hitler hatte sich bereits am 30.4. das Leben genommen!

Viele Soldaten, auch Zivilisten, die diesen Wahnsinn nicht mehr mitmachen wollten und konnten, hingen an markanten Punkten, an Laternen mit Schildern auf der Brust, auf denen stand mit ihrem Namen, daß sie zu feige waren, für Führer, Volk und Vaterland ihr Leben einzusetzen.

Sie hingen als Symbol des Krieges, aber auch des Friedens, für den sich seit 1933 Tausende eingesetzt hatten und in den Konzentrationslagern umgebracht worden sind. All diese Menschen wollten das vorausschaubare große Unglück. welches über die Welt gekommen ist, zu verhindern suchen. Auch noch nach dem Krieg wurden sie als Vaterlandsverräter bezeichnet, und doch wollten sie es erretten. Langsam ergreift endlich diese Geschichtsschau den letzten Deutschen.

Wir dürfen aber nicht den großen Blutzoll der russischen Soldaten vergessen. Eine Stadt zu verteidigen ist leichter als sie zu erobern. Die Soldaten müssen relativ ungeschützt in Straßen eindringen, wo sie von „Heckenschützen" beschossen werden.

Die Zahl der gefallenen Sowjetsoldaten durch die Eroberung Berlins wurde mit 300.000 angegeben.

11. BEDINGUNGSLOSE KAPITULATION!
SAUERBRUCH - DER SCHUTZPATRON

Das letzte Widerstandsnest an der Charité - das AEG-Gebäude - ging in Flammen auf.

Kurz darauf, am 2. Mai fluteten die Sowjetkrieger in die Kliniken. Sie suchten deutsche Soldaten und Wertsachen. Unter den ersten, die in die chirurgische Klinik eindrangen, befand sich ein junger, betrunkener Hauptmann. Er schrie, mit seiner Maschinenpistole herumfuchtelnd: „Wo ist Chef, wo ist Chef?"

Sauerbruch kam, der Soldat sprang auf ihn zu, setzte ihm das Mordinstrument auf die Brust und stammelte irgend etwas, das wir nicht verstanden.

Wir alle erstarrten, Sauerbruch tat gelassen, souverän. Er nahm den Lauf in die Hand, drückte ihn nach unten sagte in der allgemein bekannten Überlegenheit: „Mein Junge, nimm erst einmal das Ding da weg. Du wirst doch nicht einen Mann umbringen wollen, der Dein Großvater sein könnte, der aber trotzdem noch große Aufgaben vor sich hat."

Dieser Ausspruch, obwohl nicht verstanden, imponierte dem jungen Burschen, auch die Haltung, die keine Furcht zeigte. Sauerbruch sagte später, daß er sich dabei gar nicht wohl gefühlt hätte.

Das gespielt wutverzerrte Gesicht des Offiziers hellte sich auf, und er bot lächelnd Sauerbruch eine Zigarette an.

Es war, für den Augenblick wenigstens, Frieden geschlossen. Wir atmeten hörbar auf.

Sauerbruch erschien wie ein schützender Vater, der seine starke Hand über uns hielt. Es war in der Tat so. Es gab keine nennenswerten Übergriffe in seiner Klinik. Er war, auch bei den Russen, eine international anerkannte Kapazität.

Das Leben in der Klinik ging einen erheblich erschwerten Gang weiter. Es wurde wie zuvor, in 3 Schichten Tag und Nacht operiert, ganz gleich ob Freund oder Feind. In akuten und schweren Fällen mußten allerdings die Deutschen zurückstehen.

So kamen eines Tages einige hohe russische Offiziere mit ihrem durch Bauchschuß verwundeten Kameraden. Sie verlangten, daß Sauerbruch ihn operiere. Als dieser den ersten Bauchschnitt ansetzte, riß einer der Offiziere seine Pistole hoch und wollte Sauerbruch erschießen. Wenn nicht ein anderer die Waffe herunter geschlagen hätte, wäre es sicher geschehen. Der Schuß ging nach unten, splitterte ein Stück Kachel ab, welches einer Schwester in die Wade fuhr. Sie sprang schreiend hoch. Es war so komisch, daß wir trotz der bedrohlichen Situation lachen mußten.

Sauerbruchs Art zu operieren, war einmalig. Die Aktionen liefen so schnell, daß man sie kaum verfolgen konnte. Die Instrumente warf er den artistisch geschulten Operationsschwestern, außer den Messern, zu, und sie mußten sie auffangen. Sollten sie in dem vorgegebenen Tempo nicht mithalten, wurden sie mit einer temperamentvollen Anordnung Sauerbruchs abgelöst, oft mit den Nerven derangiert.

Abb.10

Hissen der Sowjetfahne auf dem Reichstag

Abb.11

Abb.12

Sauerbruch "heilende Hände"

Ein Kollege und ich haben am Studienbeginn uns von der Empore, die sich mit schräger Glaswand über dem Operationstisch befand, unsere erste Operation angesehen. Es handelte sich um einen Fall von Gasbrand des rechten Armes, der ganz dick verquollen, livide verfärbt war. Sauerbruch umschnitt in großem Kreis das ganze Schultergelenk und klappte den Arm ab, so daß eine riesige blutende Wunde offen lag. Da wurde uns beiden schlecht, und wir suchten schnell an die frische Luft zu kommen. Das war noch zu Anfang des Krieges.
Mit der Zeit stumpft man ab, wenn sich derartiges wiederholt, und leider geht das in alle menschlichen Bereiche bis hin zum Töten.

Das begann schon bei Kain und Abel, die Mißachtung der menschlichen Integrität, des Lebens.

Ein Operateur versucht, das oft willentlich verletzte Leben eines Freundes und nun auch des „Feindes" wiederherzustellen.

Das tat Sauerbruch mit voller Inbrunst und Einsatz. Für ihn waren alle gleich, die seiner Kunst bedurften, ganz ohne Rücksicht auf Nationalität, ob Jude, Nazi oder nun Russe.

Nach seinen mit höchster Konzentration durchgeführten Operationen war er oft sehr mitgenommen, denn diese dauerten manches Mal stundenlang.
Das Vertrauensverhältnis zu seinen Patienten war beispielhaft. Wenn er sagte: „Das mache ich Ihnen", dann meinten wir, sie ließen sich von ihm auch einen anderen Kopf aufsetzen.

Seine Mitarbeiter und Studenten fürchteten sein ungezügeltes Temperament. Er konnte, so erzählte man, einen auf einer Autofahrt mitgenommenen Prüfungskandidaten wegen schlechter Antworten, einfach auf freier Strecke aussteigen lassen.

Seine Großzügigkeit und seine Charakterfestigkeit bedürfen unbedingt der Erwähnung.

So hat er bis weit in die dreißiger Jahre Juden operiert und auch nicht echt mit dem NS-Regim koaliert. Es war bekannt, wenn ein hoher Funktionär vorn in die Klinik hereinging, begab er sich hinten hinaus.
Er war kein Parteimitglied. Er war gegen Euthanasie, gegen Antisemitismus.
Seine Ehrungen erhielt er nicht wegen politischer Parteinahme, sondern seiner Qualifikation wegen. Man hat ihn zum Generalarzt

gemacht. Ein weiterer Vorwurf! Sollte er nur Stabsarzt sein und jeden kleinen Offizier grüßen müssen?
1937 hat er den Nationalpreis und dann im Krieg das Ritterkreuz zum Kriegsverdienstkreuz erhalten.

Er war deutschnationaler Patriot, hat das nie geleugnet, und sich bewußt oder unbewußt als Aushängeschild benutzen lassen.
Gewiß haben ihm diese Ehrungen wohlgetan und sein Selbstbewußtsein gestützt, denn er brauchte wie ein jeder Mensch Bestätigung, obwohl er sie eigentlich durch seine Operationserfolge zur Genüge hatte.
Doch alles gelang ihm nicht, und es ist sehr schwer einem Menschen, der hoffnungsvoll kommt, sagen zu müssen: Ich kann Ihnen nicht helfen.
Er war auch ein Zweifler, hatte seine schwachen Stunden und depressive Phasen.
Eine Größe dieser Kategorie steht allein da, ob Arzt oder Künstler.

Seine zuvor erwähnte Großzügigkeit bewies er zum Beispiel damit, daß er zu seinem 1. Geburtstag nach dem Krieg jedem Patienten ein Stück Kuchen spendierte; wie er das möglich gemacht hatte, war uns ein Rätsel. Diese Großzügigkeit wollte er auch mir erweisen, denn ich war oft mit ihm in Kontakt als junger Mann für alles. Er versprach mir, wenn sich die Zustände normalisiert hätten und er wieder internationale Patienten operieren könnte, würde er mich auf seine Kosten in der Schweiz weiter studieren lassen. Er hätte es getan, ich glaubte auch an ihn.

Ein besonderes Ereignis war die von ihm angeregte und geförderte erste Weihnachtsfeier nach dem Krieg in der chirurgischen Abteilung.
Der Hörsaal war einigermaßen in Ordnung, nur recht kühl. Sauerbruch sagte zu mir: „Munterer Moritz" (so nannte er mich einfach), ich habe Tiana Lemnitz und Rudi Schuricke eingeladen, und Du machst die Konference!" Da stand ich nun. Ich verhandelte mit Frau Lemnitz, der berühmten Sopranistin. Sie sagte: „Mit dem Bänkelsänger Schuricke soll ich auftreten, das möchte ich nicht!" Mit gutem Zureden tat sie es doch. Ich suchte passende Gedichte irgendwo herauszufinden und meine Konference mehr schlecht als recht, meiner Meinung nach, die anderen waren ganz zufrieden, vorzutragen. Sauerbruch hielt eingangs eine erschütternde Ansprache, in der er die Deutschen nicht schuldfrei sprach.
Wir hätten an dem Geschehen eine Mitverantwortung zu tragen, aber wir dürften unsere Würde als Deutsche nicht verlieren und müßten nun im Frieden zeigen, daß wir auch weiterhin in der Lage sind,

besondere Leistungen, auch Wiedergutmachung zu vollbringen. Das sollten wir in erster Linie hier in der Charité zeigen und unserer karitativen Verpflichtung nachkommen, mit unserem Können allen zu helfen, die unserer Hilfe bedürfen.

Nach dem Kriege wurde er zum ärztlichen Direktor und bald danach zum Gesundheitsdezernenten von Berlin ernannt.

Die Vergangenheit holte ihn ein, und man zitierte ihn vor ein Entnazifizierungskommité.
Ich war zufällig anwesend, als er zurückkam. Mit Wut im Bauch sagte er: „Ich habe mir das Geschwafel 2 Stunden lang angehört, dann bin ich aufgestanden und habe denen gesagt, ich hätte mehr zu tun, als meine Zeit hier nutzlos zu vertrödeln, meine Patienten warten auf mich, ich bin einfach aufgestanden und gegangen. Es hat mich niemand aufgehalten." Das sagte er sinngemäß.

Bei weiteren Überprüfungen - geladen hatte man ihn nicht mehr - sprachen viele Positionen für ihn: Er war kein PG, er hat Juden nach 1933 operiert und geschützt, war mit den hingerichteten Generaloberst Beck, sein Sohn Peter mit Graf Stauffenberg befreundet. Er hatte mit liberalen Künstlerkreisen regen Kontakt und sich auch für gefährdete Gegner eingesetzt.
Nun ließ man ihn in Ruhe.
Er stand bei den Alliierten, zunächst natürlich bei den Russen, denn die Charité befand sich im russischen Sektor, in hohem Ansehen.
Und gewiß hatte er einen nicht unerheblichen Anteil daran, daß für die Inbetriebnahme weiterer Abteilungen bevorzugt Mittel zur Verfügung gestellt wurden.

Die Vorlesungen waren, auch nach dem Krieg, recht temperamentvoll, und er erzählte allerlei Erlebnisse und Anekdoten. Als er einmal zu einem reichen Patienten in die Schweiz zu einer Konsultation gerufen wurde, auch wollte der ein wenig plaudern, denn wann hat man einen Sauerbruch zu Besuch; die Untersuchung war zu Ende. Sauerbruch fühlte alle Minuten den Puls des Patienten, schaute bedenklich auf ihn und seine Uhr. Er gab seine Empfehlung und verließ eilenden Fußes den Patienten. Der Assistent fragte ihn, weshalb er so oft den Puls getastet hätte, ob es so ernst um den Patienten stünde.
„Nein, keineswegs, ich mußte nur nach der Zeit sehen, damit wir unser Flugzeug nicht verpassen!"

Mit den Internisten hatte er nicht viel im Sinn. Nur der Chirurg wäre ein richtiger Arzt, der sieht doch sofort, was los ist und kann gleich helfen. So erzählte er, wie während einer komplizierten Brustoperation das Herz des Patienten einen Riß bekommen hätte; sofort zugenäht, rettete er ihn. Der Patient genas, und Sauerbruch stellte ihn einem der großen Internisten der Charité vor zur Herzbeurteilung. Sie fanden nichts, "die Chirurgen sind eben besser". Das Herz wäre in Ordnung und auch das EKG. Nun, mit unseren diagnostischen Methoden hätte man mit Gewißheit diese Herzverletzung diagnostizieren können.

Sauerbruchs physische und geistige Kräfte ließen sehr nach, er hatte zu viel gegeben. Das Kapital „Lebensenergie" ging der Erschöpfung entgegen. Er machte Fehler. Seine Assistenten Prof. Madlener und Dr. Stompfe versuchten, diese Fehler, so gut es ging, zu korrigieren. Es soll Todesfälle gegeben haben.
Bei der obligatorischen Patientenvorstellung wurden ihm schwierige Fälle nicht mehr gezeigt, und in seiner Abwesenheit operiert.

Diese Vorfälle wurden auch von dem Pathologen Rößle, der jeden Todesfall durch seine Untersuchungen kannte, dem Dekan der medizinischen Fakultät Prof. Theodor Brugsch mitgeteilt. Brugsch war mit Sauerbruch eng befreundet und brachte es nicht, wie man sagt, übers Herz, die Amtsenthebung zu betreiben.

So hat es Minister Wandel verfügt.

Am 30.11.1949 erfolgte die zwangsweise Emeritierung.

Da Sauerbruch in seiner Lebensart sehr großzügig war, wie wir schon gesagt haben, war es für ihn schwer möglich, sein Leben zu fristen. Er nahm eine Stellung in der Berliner Grunewaldklinik an. Die Cerebralsklerose und die damit zeitweilige Altersverwirrung nahmen zu. Wieder kam es zu fehlerhaften Operationen, daß man ihm den endgültigen Ruhestand nahelegte.

Ich verstehe auch heute noch nicht, weshalb ihm seine zahlreichen. z.T. berühmten Schüler nicht finanziell und menschlich geholfen haben, einen würdigen Lebensabend zu finden. Bei seiner Persönlichkeitsstruktur war das vielleicht auch nicht möglich. Vielleicht haben sich auch einige bemüht, ihm zu helfen, und er hat es nicht eingesehen.

So starb er am 30.11.1951. Er war einer der bedeutendsten Ärzte aller Zeiten.

Wer ihn kannte, vergißt ihn nicht.

Um diese, meine Beziehung zu Sauerbruch nicht bruchstückhaft zu schildern, habe ich einen Teil der Zeitgeschichte übersprungen.

12. CHARITÉ - MAI 1945

Wir müssen noch einmal in das unmittelbare Geschehen nach dem Kriege zurückkehren.

Also in Berlin ruhte der Eroberungskampf weitgehend am 2. Juli 1945; am 8. Mai erfolgte die gesamtdeutsche bedingungslose Kapitulation.

Werner Fink sagte dazu: „Nun können wir uns dem wohlverdienten Zusammenbruch hingeben".

Vorsichtig krochen die Menschen aus den Kellern und schauten sich mit Entsetzen um. Die Männer mußten sehr vorsichtig sein, denn die Gefahr, gefangengenommen und verschleppt zu werden, war gegeben.
Die Charité war kaum wiederzuerkennen. Das ganze Ausmaß sah ich auch erst jetzt, obwohl ich jeden Tag draußen gewesen bin.
3/4 aller Gebäude waren zerstört. Wie sollte der Betrieb wieder aufgenommen werden?
Ein Teil des Personals kehrte nicht zurück, und etwa 20 Ärzte, dazu noch andere vom Pflegedienst wurden wegen Parteizugehörigkeit oder auch nur durch Denunziation verhaftet und abtransportiert. Sie wurden in der folgenden Zeit durch nunmehr andere „Linientreue" ersetzt.
Prof. Friebös hat sich mit Zyankali das Leben genommen, ich habe ihn zur Pathologie gefahren.

Da ich von Flüchtlingen in Guben, durch meine eigene kurze Gefangenschaft und Telefonate mit Freunden im besetzten Teil der Stadt gehört und gesehen hatte, wie die Sowjettruppen wüteten, habe ich sogleich nach meiner Ankunft in der Charité den Leiter des Hauptversorgungsdepots aufgesucht. Ich forderte ihn dringend auf, alle Lebensmittel und besonders die Alkoholvorräte auf die einzelnen Stationen zu verteilen. Er lehnte kategorisch ab. Die Folgen waren schlimm. Die Lebensmittel wurden abtransportiert. Am meisten interessierten die Soldaten alkoholische Getränke, die sie überall suchten. Da sie keine Flaschenöffner besaßen, schlugen sie am Eisengeländer, das am Kellerabgang war, die Flaschenhälse ab und haben sich alles gierig in den Hals gekippt. Schnell waren sie betrunken und nicht mehr zu halten. Alles Weibliche mußte, um nicht vergewaltigt zu werden, flüchten.

Übergriffe aller Art waren an der Tagesordnung, in der Stadt war das noch bedeutend schlimmer. Ich besaß ein Fahrrad, welches von mir in der Klinik angeschlossen war. Ein Sowjetsoldat der Militärstreife drang ein, schulterte das Rad. Ein an Krücken gehender, sicher ehemaliger deutscher Soldat stoppte ihn und wurde niedergeschlagen.

 Wir hatten einen Dolmetscher. Mit ihm ging ich zu dem Bezirkskommandanten und brachte den Vorfall zur Beschwerde. Ich sollte den Soldaten nennen. Ich meinte, die Militärstreifen für die entsprechende Zeit müßten doch bekannt sein, und durch Gegenüberstellung könne man den Dieb fassen. Das war zuviel, der Kommandant schrie etwas, und der Dolmetscher sagte nur: „Schnell weg!" Das war's!

In der II. Chirurgischen Abteilung, parterre hatten sich Russen einquartiert. Sie lagen Mann an Mann zur Nacht ca. ab 24:00 Uhr, und bis dahin schwärmten sie aus, um Beute an Frau oder materiellen Gütern zu machen. Zu ihren Füßen lagen allerlei geraubte Dinge, die auch für mich interessant waren. Eines nachts, nach Mitternacht schlich ich mich vorsichtig da herein, es war ja alles offen, und holte mir einige Sachen. Sie hatten z.T. an jedem Arm bis 5 oder 6 Uhren, die sie nie ablegten, denn sie waren auch vor ihren Kameraden nicht sicher.

In dieser Klinik ging ich ein und aus, weil wir nach Kriegsende unser Kellerquartier in der Hauptchirurgie verlassen mußten, und ich hatte mir in der II. Chirurgischen Abteilung im 1. Stock mit einer Tür auf einer Badewanne eine Wohnstatt geschaffen. Die Russen lagen unten, sie wußten, daß von mir nichts zu holen war.

Eines Tages erschien, vom russischen Bezirkskommandanten gebracht ein gut gekleideter Mann mit einem „Homburger" auf dem Haupte. Es war ein Krankenpfleger aus dem Baltikum, namens Petrasch. Er wurde als Verwaltungschef für die Charité eingesetzt. Er sprach gebrochen deutsch mit baltischem Akzent. Er war undurchsichtig, verfügte über alles und jeden, sogar über Prof. Sauerbruch, und durch diesen wurde ich dem „Unheimlichen" übergeben als Wegführer, denn er kannte das Gelände nicht.
Ich mußte ihm jeder Zeit zur Verfügung stehen. So wurde ich manches Mal nachts herausgerufen und sollte z.B. mit ihm Visite machen.
Das geschah wieder einmal. Wir gingen geheimnisvoll von der Nachtschwester begleitet über einige Stationen. Petrasch ließ sich von ihr berichten, ich kannte die Patienten nicht.
Wir kamen zu einem Bett, in dem ein bildhübsches vielleicht 18 Jahre altes Mädchen lag. Es stöhnte, von Schmerzen geplagt, vor sich hin. Die Bettdecke wurde gelüftet und ein mit Blut und Eiter verklebter

großer Bauchverband wurde sichtbar. Das arme Mädchen flüsterte leise: „Ich möchte so gerne noch leben". Petrasch und ich waren erschüttert. Gleich am nächsten Morgen ging er zu Sauerbruch und verlangte kategorisch, er müsse das Mädchen sofort operieren. Ob sie gerettet wurde, weiß ich nicht. Es lagen ja viele noch in den Kellern, die erst notdürftig versorgt waren sind.

So unheimlich mir dieser Petrasch war, er schien mich zu mögen. Ab und zu gab er mir etwas zu essen und einmal 1 KG feinen englischen Blatt-Tabak, den ich im Laufe der Zeit - einzelne Blätter - gegen Eßbares eintauschte. Die Nikotinsucht war auch in diesen Zeiten stärker als der Hunger.

Plötzlich verschwand er so geheimnisvoll, wie er gekommen ist, diese dunkle Gestalt.

Ein zweiter, geheimnisvoller Mann tauchte ebenfalls unverhofft auf, ein Herr, wie man ihn im Film sieht. Er sah sehr gut aus, ca. 40 Jahre alt, war elegant gekleidet, hatte ausgezeichnete Reitstiefel an. Er sprach fließend deutsch, russisch, englisch und französisch. Man munkelte, er wäre ein berühmter Doppelspion. Ich hatte die Aufgabe, ihn zu betreuen, bekam aber seine Identität nicht heraus. Prof. v. Eicken mußte unter Protest für ihn sein kleines Zimmer räumen.

Der geheimnisvolle Fremde war von außergewöhnlicher Bedeutung, mal kamen Russen zu ihm, mal Amerikaner, die ihn mit Militärpolizei eskortierten, wenn sie ihn abholten.

Dann wurde er eines Tages in rasender Fahrt von den Amerikanern zu Sauerbruch gebracht. Er hatte einen großen Schädeleinschlag. Er wurde von Sauerbruch operiert und kaum aufgewacht, von einer amerikanischen Militäreskorte in den amerikanischen Sektor gebracht. Man erzählte, er wäre nach seiner Genesung mit dem Fahrrad im russischen Sektor erwischt worden und dann verschwunden.

Die Stationen, die noch zu belegen waren, wurden hergerichtet, damit die Verwundeten endlich aus dem stickigen und nur kümmerlich belichteten Kellern hochkamen. Es war eine fürchterliche Luft dort unten. Es roch nach Eiter, und besonders durch die Bauchverwundeten stank es übel. Ein Stöhnen hallte Tag und Nacht durch die finsteren Räume. Es gab ja allenfalls für die Schwerstkranken Betäubungsmittel. Wer dieses Elend nicht erlebt hat, kann es sich kaum vorstellen. Doch ich denke, daß sie dann auch rufen würden; „Nie wieder Krieg"!

Doch das Gedächtnis der Menschen ist sehr kurz. Es war für diese armen Verwundeten, meist Landser, nur wenige Zivilisten, nun zu spät gewesen..

Einige Stationen hatten die Russen noch für eine gewisse Zeit durch ihre Verwundeten besetzt.

Im Spätsommer 1945 zogen die Russen ab, so wurde auch die II. Chirurgische Abteilung reaktiviert. Bald gab es Strom und Wasser. So mußte ich mein Badappartement aufgeben. Wohin nun?
Häufig kam ich am christlichen Hospiz am Bahnhof Friedrichstraße vorbei, es war nicht nennenswert beschädigt. Ich dachte mir, Gäste gibt es z.Zt. gewiß nicht, vielleicht nehmen sie mich auf.
So war es denn; Frau Henze, die Chefin, eine kluge, ältere Dame bot mir unter dem Dach im 3. Stock ein Kämmerlein mit Schrägwand an. Zwar gab es keine Scheiben in den Fenstern, keine Heizung und keinen Komfort, aber Wasser und ein Bett. Was wollte ich zu dieser Zeit noch mehr.
Zu meinem Glück kam vor dem Winter in die unteren Etagen die Augenklinik. Bis es für sie Heizung gab, wärmte ich mich mit 2 Heizstrahlern, die ich irgendwo erbeutet hatte, und machte es mir, so gut es ging, gemütlich.
Dort blieb ich dann bis zum Abschluß meines Medizinstudiums.
Ein Wort der klugen Hospizverwalterin. Als ich mich 1948 verlobte, fragte sie mich, ob meine Braut Geld hätte? Ich war ob dieser prosaischen, materialistischen Frage etwas empört; wozu benötigt man bei heißer Liebe noch Geld? Sie sagte ganz zart: „Mit Geld weint es sich leichter". Später haben wir ohne Geld geweint.

Als ich wieder einmal zwischen den Kliniken hin und her ging, wurde auf einer Trage eine junge Frau an mir vorbeigefahren. Ich schaute hin. Es war ein Filmsternchen, sie war mir aus den Filmarbeiten Münchhausen bekannt. Ich fragte, was sie hätte. Mit Tränen erzählte sie mir, daß sie halb unter ein russisches Auto gekommen wäre, und hätte dabei ein Ganzteil ihres Gesäßes abgequetscht bekommen. Sie zeigte es mir. Statt des schönen Frauenpos, der Hans Albers auch interessierte, war dort nur ein „Tal".

Die nähere Umgebung der Charité zu erforschen, reizte mich schon, denn wir hörten, daß die Russen die Banken südlich der Linden gesprengt hätten, und daß dort das Geld zu Tausenden auf der Straße gelegen haben soll. Die „Beute" aus dem Besitz der nicht mehr existierenden Banken hätte niemanden beraubt; ich habe es doch nicht gewagt,, denn es verschwanden immer wieder Männer.

Ein Husarenstück habe ich mir jedoch mit dem Kollegen, der mich später zu meinen Eltern gefahren hatte, erlaubt.

Wir nahmen uns einen Elektrokarren und sind in tiefer Nacht zur militärärztlichen Akademie in der Scharnhorststraße gefahren. Hier hatten sich der russische Geheimdienst und Offiziere einquartiert.
Wir wußten, daß sich dort im Keller ein Instrumenten- und Medikamentendepot befand. Das war mir aus der Sanitätszeit bei Sauerbruch bekannt.
Wir fuhren vorsichtig mit unserem Elektrokarren in den Keller. Zum Glück waren keine Wachen aufgestellt. Die Russen haben sicher nicht mit so viel Frechheit gerechnet, daß ihnen praktisch unter dem Hintern weg die Sachen dort geklaut würden.
Trotz allem war das eine Art Selbstmordkommando, wir würden bestimmt bei Entdeckung erschossen worden sein.
Wir luden den ganzen Karren voll.
Allein hätte ich nicht gewagt, dort einzusteigen. Der Kollege war so eine Art Partisan, wagemutig und verwegen. Er trug z.B. aus mehreren Autowracks Einzelteile zusammen, nahm noch per Heberdrainage das Benzin aus diesem zerstörten Autos und baute sich ein ordentliches Fahrzeug. Das als Medizinstudent. Man sieht, der Physiker Prof. Gerthsen hat nicht unbedingt Recht, daß Mediziner physikalisch unbegabt sind.

Sauerbruch verlor mich nicht aus den Augen. Eines Tages erteilte er mir den Auftrag, ich solle das Medikamentenlager der Organisation Todt, das sich in der Stadtmitte befand, für die Charité sichten und ordnen, Russen und die Zivilbevölkerung hatten dort bereits geplündert und alles durcheinander gebracht. Mir wurden von der städtischen Gesundheitsabteilung mehrere Frauen zugewiesen. Gemeinsam brachten wir Ordnung in das Durcheinander. Das Begehrenswerteste war ein 25 Liter fassender Glaszylinder mit Alkohol. Das wurde zum Glück nicht erkannt.
Eines Morgens stellte ich ein großes Loch in der Decke fest. Es waren einige Medikamente gestohlen, der Alkohol war zum Glück noch da.
Wir nagelten das Loch mit herumliegenden Brettern zu, und ich veranlaßte die baldmöglichste Räumung des Lagers. Die Medikamente waren für die Charité recht wertvoll.
Die Frauen, die mir zugeteilt waren, befanden sich mit ca. 30 anderen in einem versteckten Raum. Eine meiner Mitarbeiterinnen zeigte mir eine schöne Uhr und erzählte stolz, daß ein russischer Offizier das Versteck entdeckt hätte. Er trug einen rotsamtgefütterten Mantel, und sie wäre von den 30 Frauen von ihm auserwählt worden. Er hätte sie sehr zuvorkommend behandelt und ihr dann für ihren erzwungenen Liebesdienst die schöne Uhr geschenkt.
So etwas gab es auch.

Viele taten es, nachdem die Vergewaltigungszeit vorüber war, vorzugsweise mit westalliierten Soldaten, des Hungers wegen, um ihre Kinder zu ernähren und leider auch einiger Luxusartikel wegen.

Die früher hochgehaltenen moralisch-ethischen Grundsätze hatten für viele Menschen durch diesen Krieg und die Zeit danach ihre Gültigkeit verloren.

Wer diese erschütternden Erlebnisse erfahren hat, kann es kaum verstehen, daß die meisten Menschen aus der Vergangenheit nichts gelernt haben.

Damals haben viele Menschen Gott angefleht, ihnen zu helfen, heute macht sich jeder den Gott, der ihm paßt und ihm alles verzeiht. Ein gefährlicher Irrtum. Die Mißachtung der göttlichen Gesetze zeigen uns die Naturkatastrophen und die weltweite Gesetzlosigkeit.

Ein Apotheker, der mit der Charité zusammenarbeitete erzählte mir in wacher Erinnerung, was er kurz zuvor erlebt hätte.

In weiser Voraussicht verlagerte er die meisten seiner Apothekenvorräte nach Thüringen, das zunächst von den Amerikanern besetzt, und dann den Russen übergeben wurde. Bevor diese Übergabe stattfand, fuhr er , weil er die Plünderungen in Berlin miterlebt hatte, mit der Bahn dorthin. Er lud die Kisten und Koffer in den Zug nach Berlin.

Unterwegs wurde der Zug von marodierenden, desertierten Sowjetsoldaten gestoppt. Vorn und hinten stiegen die Soldaten z.T. auf und z.T. in den Zug. Der Apotheker befand sich glücklicherweise in der Mitte des Zuges. Die Soldaten im Zug reichten denen, die sich auf dem Dach befanden, die Gepäckstücke hinauf. Dort öffneten sie die Beutestücke, nahmen das für sie Wertvolle heraus und warfen den Rest ins Gelände.

Der Heizer feuerte den Kessel fast bis zum Platzen, der Zug raste auf Berlin zu. Die plündernde Meute näherte sich dem mittleren Wagen. Der Apotheker und seine Frau hatten erhebliche Angst.

Mit heulender Sirene fuhr der Zug mit quietschenden Bremsen in den Schlesischen Bahnhof ein. Die russische Militärpolizei schoß mit Maschinenpistolen die Deserteure vom Dach des Zuges und verhaftete diejenigen, die sie noch fassen konnten.

Die Medikamente waren in letzter Minute gerettet. Das vergißt das Apothekerehepaar sein Leben über nicht.

Auch Frau Dr. Meier ihr Erlebnis nicht. Als ein paar Monate später einige S-Bahnen fuhren, hat sie, die sie ständig auf der Flucht vor den Russen war, um nicht vergewaltigt zu werden, sich vor die Tore der Charité gewagt. Sie machte eine S-Bahnfahrt zu Freunden.
Erschüttert in Tränen aufgelöst traf ich sie am Hauptportal. Es sprudelte nur so aus ihr heraus. Über alle Fährnisse hinweg hatte sie einen süßen, kleinen Hund gerettet. In der Bahn saß neben ihr ein russischer Offizier. Er streichelte das Hündchen, gab ihm Schokolade und nahm es auf den Schoß. Da „mußte" das dumme Hündchen und machte ihm auf die Hose. Der Offizier war wütend, drehte dem Hündchen den Hals um und warf es aus dem Fenster. Wie kann man da trösten, ich weinte fast mit ihr.

Wieder einmal bekam ich von Sauerbruch einen Auftrag. Er war ja die Verbindungsperson zu der russischen Okkupationsmacht. Er mußte neben seiner operativen und Verwaltungstätigkeit auch vieles andere arrangieren.

„Also, mein munterer Moritz, Du führst als Berliner, der die Stadt gut kennt, unseren Bezirkskommandanten mit seinem Auto nach Karlshorst", das bei uns „Klein-Moskau" hieß; denn es war relativ gering zerstört, so daß sich dort die Russen mit ihrem Führungsstab niedergelassen hatten.
Also das Auto war ein Lastwagen. Ich mußte hinten hinaufklettern und durch Schläge auf dem Verdeck der Führerkabine durch Klopfzeichen die Richtung angeben. 1 x nach links, 2 x nach rechts und 3 x geradeaus.
Doch kaum hatten wir das Charité-Tor passiert, stellte ich nach wenigen 100 Metern fest, daß ich mich in meinem Berlin nicht mehr auskannte, so ungeheuer und furchtbar war die Verwüstung. Ich konnte mich nur an die Himmelsrichtung halten, um die ungefähre Richtung anzugeben. Wir mußten oft umkehren, da fast alle Brücken zerstört waren. Nach stundenlanger Fahrt, während der ich einige Male bedroht wurde, erreichten wir endlich Karlshorst. Da sich Friedrichshagen nur 6 km entfernt befand, hatte ich gehofft, in der Wartezeit dorthin zu kommen, aber es gelang mir nicht, irgendein Fahrzeug zu finden, das mich dorthin gebracht hätte. Leider konnte ich auch jetzt kein Lebenszeichen meinen Eltern von mir geben. Die Telefonverbindungen waren noch lange gestört. Und zu lange durfte ich nicht fortbleiben, denn ich mußte den Kommandanten wieder zurücklotsen. Nun, am Abend, sind wir glücklich in der schützenden Charité angelangt.

Bald darauf sollte es mir gelingen, endlich nach Hause zu meinen Eltern zu kommen. Der Studienkollege, mit dem ich in die von den Russen besetzte militärärztliche Akademie eingedrungen bin, mußte einen Wagen, einen schwarzen BMW, einem Professor überbringen. Das kam mir recht sonderbar vor, aber er hatte recht. Ein russischer Offizier erschien und gab ihm den Wagen. Zum Glück war der Tank voll, und der Kollege hielt seine Zusage, mich nach Friedrichshagen zu fahren. Ich kannte nun die Möglichkeiten, auf dem zu dieser Zeit kürzesten Weg dorthin zu gelangen.
Meine Mutter war gerade außer Haus. Eine Dame, die sie traf, teilte ihr mit, daß eben ihr Sohn in einer schwarzen Limousine vorgefahren sei.
Sie sagte nur, sie traute dem „Lümmel" allerlei zu, aber das nicht. Sie lief so schnell, wie sie konnte, zurück, und als nun wirklich ein schwarzes Auto vor der Tür stand, war sie fassungslos, sie stürzte ins Haus, um weinend ihren totgeglaubten Sohn in die Arme zu schließen. Wir weinten alle mit, und die Mutter konnte sich kaum beruhigen. In den vergangenen Wochen hatte sie Tag für Tag an der Ausfallstraße gen Osten vor dem Haus gestanden und die unübersehbare Schar der Soldaten, die in die Gefangenschaft ziehen mußte, geprüft. Ihr Sohn war nicht dabei.
Viele Eimer Wasser trug sie zu den durstenden und den hoffnungslosen Soldaten. Manch einen Kolbenschlag der rohen Bewacher mußte sie hinnehmen, doch sie verzagte nicht. Der Strom dieser traurigen Menschenschar versiegte eines Tages. Und nun kam unverhofft diese unbeschreibliche Freude, daß der 2. Sohn nach Hause gekommen ist.

Walter Dehmel hat nach dem Krieg ein erschütterndes Gedicht geschrieben. Es heißt:

An die Heimkehrer

In verblichenen und ausgefransten Röcken
Kehrt ihr heim zu uns aus Kriegsgefangenschaft,
hinkend an den derben selbstgemachten Stöcken,
doch erwartungsvoll gesammelt und gestrafft.
In den Augen lesen wir die bangen Fragen,
die bei Tag und Nacht euch Antwort könnte sagen:
Sind sie noch am Leben - Eltern, Frau und Kind"
Ihr geht seltsam und gelassen
an den ausgebrannten Häusern still vorbei.
Eure Blicke, die das Trümmenmeer umfassen,
zeigen, daß dies ein gewohnter Anblick sei.

Aus dem Irrwahn dieses Krieges nun entlassen,
tretet ihr in unsere Reihen wieder ein.
Gebt die Hand, wir wollen sie vertrauend fassen,
Brüder, ihr sollt niemals mehr Soldaten sein!

Auf die ganze Welt bezogen war das ein großer Wunschtraum und
Hoffen, aber eine imaginäre Illusion.
Nach jedem Unglück, jeder, auch selbstschuldhaften Katastrophe,
werden Versprechen gegeben, die meist sehr schnell vergessen sind.
Die nächste Generation geht bald zur „Tagesordnung" über, weil
zuviel verschwiegen und zu wenig gemahnt wird.

13. EINE KURZE ZWISCHENBILANZ DER UNMITTELBAREN NACHKRIEGSGESCHICHTE!

Im Juni 1945 erfolgte der Einmarsch der amerikanischen und englischen Truppen, später der französischen in Berlin.

Wir waren darüber sehr glücklich, nun nicht mehr allein, alle Lebensbereiche betreffend, von der sowjetischen Besatzung abhängig zu sein.

Von der im Juli bis August laufenden „Potsdamer Konferenz" versprachen wir uns eine gewisse Vorentscheidung für Deutschland.

Ob z.B. der Morgentauplan,, der die Zerstückelung des Reiches in zahlreiche Länder, das haben wir jetzt, nur unter anderen Vorzeichen, zu reinen Agrarbezirken vorsah, ob die Besetzung der deutschen Gebiete in Ost, West und Süd nur zeitweilige Okkupation oder endgültige Abtretung sein würde. Welche Industriedemontage, dessen, was der Krieg noch übriggelassen hatte, welche Reparationen zu erwarten wären?

Würde es überhaupt jemals wieder ein geeintes Deutschland geben, in welchen Grenzen?

Viele Fragen diskutierten wir mit leerem Magen! Wir erhofften einige Antworten von den alliierten Regierungschefs.

Hitler wollte eine Neuordnung Europas mit Umsiedlung slawischer Volksstämme in östliche Gebiete. Nachrücken sollten die edlen nordischen des deutschen Volkes.

Churchill, Truman und Stalin

Nun, die Neuordnung kam schon andeutungsweise durch die Potsdamer Konferenz mit Beseitigung jeglicher deutscher Enklaven, damit potentielle Unruheherde beseitigt wurden, und der Vertreibung bzw. „Umsiedlung" aller Ostdeutschen (ethnische Säuberung), die zum Teil wegen der kriegerischen Aktionen geflüchtet sind. Dieses völkerrechtswidrige Geschehen, das mit zahlreichen Toten und unendlich viel Leid bezahlt worden ist, habe ich schon zuvor erwähnt.

Die Neuordnung ist erreicht, aber anders, als es sich die Machthaber des NS-Regimes, die sich bis heute keiner Schuld bewußt sind, vorgestellt hatten. Für das deutsche Volk ist sie noch nicht abgeschlossen, denn aus allen Ost- und Südostgebieten strömen noch Jahr für Jahr Tausende „heim ins Reich", weil sie dort, die vor dem Krieg wertvoll integriert gewesen sind, nun als Deutschstämmige angegriffen werden. Ihre Familien sind z.T. vor Jahrhunderten ausgewandert. Nun haben sie ihre wahrhafte Heimat aufgeben müssen; sie sprechen kaum deutsch und fühlen sich als Fremdkörper.

Nur der nicht gekannte Wohlstand versöhnt sie etwas, und ihre Jugend strebt mit allen Mitteln danach.

Churchill hat weitblickend dringend vor dieser Entwicklung gewarnt. Roosevelt war gerade gestorben und Truman war völlig unvorbereitet in das Regierungsamt gewählt. Er glaubte, wie auch sein Vorgänger, der ehemalige Kriegskamerad Stalin wäre zu vernünftigen Kompromissen zu bewegen.
Nach der Konferenz sagte Churchill: „Ein eiserner Vorhang ist niedergegangen. Was dahinter vorgeht, wissen wir nicht."
Nun, wie recht er hatte!

Ein kleines Erlebnis am Rande.
Stalin kam per Bahn nach Berlin. Alle Häuser neben den Gleisen, soweit sie überhaupt noch standen, mußten geräumt werden. Jede 100 Meter stand ein sowjetischer Soldat zum Schutze gegen potentielle Heckenschützen.
Zufällig war ich in dieser Zeit der Konferenz am Reichstag, dem, was noch davon übrig war.
Plötzlich kommt Churchill in Zivil nur von ein paar Bodyguards begleitet, mehr als 10 m war er nicht entfernt. Unmittelbar heran durfte man nicht. Das war der Unterschied zwischen einem Diktator, zu dessen persönlichem Schutz Tausende schwer Bewaffneter eingesetzt wurden und einem demokratisch gewählten Regierungschef.

Unmittelbar nach Abschluß der Potsdamer Konferenz befahl Truman am 05.08.1945 den Abwurf der Atombombe auf Hiroshima. Nagasaki folgte bald darauf.
Uns fiel dazu Dresden ein, Berlin und vieles andere.

Wer ist ohne Schuld?

14. ZURÜCK IN DIE CHARITÈ

Nachdem ich gesehen hatte, dass meine Eltern noch lebten, kehrte ich beruhigt in die Klinik zurück. Ich war als Krankenpfleger eingestellt, und wurde jetzt entsprechend eingesetzt.

Große Menschenströme von Flüchtlingen kamen in Berlin zum Stehen. Die Kranken landeten in den noch einigermaßen funktionierenden Kliniken, die Infektionsträger in Spezialabteilungen.

Die erste Welle kam ruhrerkrankt. Wir hatten in der 1. medizinischen Klinik eine Männer- und eine Frauenstation eingerichtet. Ich war der Frauenabteilung zugeteilt. Wir belegten den Hauptsaal mit 32 Patientinnen, rechts und links je 11 Betten und in der Mitte 10.
Es war ein unbeschreibliches Elend. Durch die blutigen Stühle waren die Frauen schwer ausgeblutet, sie hatten täglich 1-2 dutzendmal Stuhlgang mit zum Teil sehr schmerzhaften Leibkrämpfen. Sie waren kreislaufmäßig, auch wegen der Austrocknung durch den Flüssigkeitsverlust, so schwach, daß sie sich nicht säubern konnten. Diese Arbeit war ekelerregend, wir halfen nach besten Kräften; wir waren tief berührt. Ich habe sogar mit einer Pinzette einer Frau Maden aus den Haaren und Ohren geholt.
Entsprechend dieses Gesundheits- besser Krankheitszustandes starben viele dieser unglücklichen Frauen. In ihrer Apathie schliefen sie oft total entkräftet einfach ein.

Den furchtbaren Krieg, die Vertreibung und manch ein schreckliches Erlebnis hatten sie überstanden und fanden nun so ein trostloses Ende.
Unsere Möglichkeiten, therapeutisch hochwirksam einzugreifen, wie das heute auf den Intensivstationen üblich ist, waren verständlicherweise äußerst begrenzt.

Die Pathologie unter Professor Rößle war funktionsfähig. Wir ließen praktisch alle Verstorbenen sezieren. Bei dieser Gelegenheit konnten wir das große Bemühen des Organismus sehen, mit einem Infekt zu kämpfen, zu versuchen ihn zu überwinden.
Die um den Darm herum gelagerten Lymphdrüsen waren bis Kinderhandfäche groß geschwollen und stark durchblutet. Das Immunsystem, der lymphozytäre Abwehrapparat arbeitete auf Hochtouren, aber die Vitalkapazität reichte zur Heilung nicht mehr aus. Die meisten starben an Herz- Kreislaufversagen.

Der leitende Arzt der I. medizinischen Klinik war zunächst für kurze Zeit Prof. Koch. Ihm folgte ein sehr kluger Mediziner Prof. Theodor

Brugsch, der bereits im 1. Weltkrieg als Truppenarzt auf dem Balkan in der Seuchenbekämpfung Erfahrungen gesammelt hatte. Das war für Personal und Patienten sehr dienlich, denn die Ruhrepedemie wurde von einer Typhusepedemie abgelöst.

Abb.14

Abb.15

1.Medizinische Klinik

Ich blieb weiter auf dieser Infektionsstation. Die Zahl der Patientinnen betrug im Hauptsaal noch immer 32. In den Nebenzimmern lagen die Schwerstkranken und Sterbenden.

Die Thyphuskranken hatten oft 3 Wochen Temperaturen bis 40 ° - die sogenannte „Kontinua". Einige dieser Frauen verloren ihre Haare vollständig, doch sie wuchsen nach der Genesung schnell wieder nach. Brugsch erzählte aus seiner Balkanerfahrung, daß er die hochfiebernden, typhuskranken Soldaten täglich ½ bis ¾ Stunden in kaltes Wasser legen ließ, und damit eine deutlich bessere Heilungsquote in seinem Truppenteil hatte als in anderen.

So radikal konnte man mit den meist sehr geschwächten Frauen nicht verfahren. Wir haben laufend Wadenwickel angelegt und bestmöglich gepflegt. Das Essen zum „Aufpäppeln" war natürlich sehr dürftig.

Interessanterweise sind nur zwei typhuskranke Frauen gestorben; eine wegen eines schweren psychischen Schocks: Ihr Mann war in den letzten Tagen noch gefallen. Wir würden heute sagen: Das psycho-neuro-Immunsystem ist zusammengebrochen.

Die zweite hatte durch einen starken Blutverlust eine schwere Anämie wegen einer kurz zuvor erfolgten Entbindung. Der Ernährungszustand war bei dem Hauptteil der Bevölkerung recht reduziert. Bei dieser Konstellation konnte die Frau diesen zusätzlichen Infekt nicht überwinden. Und, wie schon gesagt, standen uns sehr begrenzt wirksame Medikamente zur Verfügung.

Zu einer Zeit wurden uns mehrere Patienten aus der orthopädischen Klinik eingeliefert. Brugsch sagte: „Jetzt wird aber die Küchenschwester untersucht!" Sie war Typhusausscheiderin ohne Symptome und hatte die Patienten infiziert.

Bei einer Besprechung der Tuberkulose sagte Brugsch sinngemäß: „Wenn in einer Familie die Kinder an Tuberkulose erkranken, dann fragen sie die Eltern, ob der Großvater oder die Großmutter manchmal trocken, aber auch mit Auswurf, husten. Die alten Leute haben oft ein so schwaches Immunsystem, daß sie keine auffallenden Symptome wie Fieber, besonders heftigen Husten usw. bekommen. Sie sind eben alt und schwach, denken die Angehörigen. Oft stellt sich dann heraus, daß sie die Ansteckungsquelle sind.

So muß man stets die Ursachen zu ergründen suchen, und fand sie, wie bei den Typhuskranken auf der orthopädischen Station.

Zum Glück hat sich von uns niemand angesteckt.

In mir schwelte etwas. Ich war nach der ruhrartigen Erkrankung, die ich im Frühjahr zu Kriegsende hatte, immer matt, bekam ab und zu Durchfall.

Da muß ich mir eine Hepatitis zugezogen haben, wie sich später herausstellte. Diese weitere, schleichende Seuche, die oft erst nach ein oder 2 Jahrzehnten festgestellt wird, betraf viele Soldaten, aber auch die Bevölkerung. Ein stürmischer Verlauf mit starker Gelbsucht, auch Fieber, Gelenkbeschwerden und anderen Symptomen ist relativ selten gewesen damals. Sie erhielt den Namen „Hepatitis epidemica". Ich wurde nach Verschlechterung meines Befindens auch in der Klinik aufgenommen, aber darüber später.

Nach Abklingen der Ruhr- und Typhusepedemie wurde ein möglichst normaler Klinikbetrieb durchgeführt. Jetzt kamen viele, viele Patienten zur Aufnahme, häufig Flüchtlinge oder Vertriebene, die wegen Auszehrung Hungeroedeme hatten, wegen Unterkühlung mangels Heizung mit Lungenentzündungen, Herzschwäche u.a. schweren Erkrankungen.

Diabetes Typ II, Gallenblasenentzündung, entzündliche Venenerkrankungen,, sogen. Zivilisationserkrankungen wie Bluthochdruck, auch Herzinfarkt gab es kaum, aber Nierenbeckenentzündungen u.ä. Bei zahlreichen Patienten fanden wir eine sogen. „Paraproteinämie", d.h. der Organismus hat, um den Stoffwechselaustausch zwischen dem Gefäßsystem und den Geweben aufrecht zu halten, mit seinen begrenzten Möglichkeiten „minderwertige" Eiweiße gebildet. Heute würde man das hochwissenschaftlich mit den modernen Methoden genau analysieren können. Vielleicht ist dieses nicht identifizierte Krankheitsbild heute auch in Regionen der Welt, in denen die Menschen ebenso hungerten wie wir damals, zu finden.

Interessanterweise starben bedeutend mehr Männer als Frauen. Sie sind eben zur Erhaltung der Art wichtiger als Männer, die für die meisten Kriege verantwortlich zeichnen.

Diese Frauen müssen immer wieder mit Hochachtung erwähnt werden. Was haben sie im Krieg geleistet, auf ihre Männer verzichtet, sie oft verloren, nach dem Krieg sich der Russen erwehren oder sich vergewaltigen lassen müssen. Trotzdem verzweifelten sie nicht und arbeiteten als „Trümmerfrauen" mit Nahrungsmittelrationen, die kaum höher lagen als die für die KZ-Insassen. Ohne sie wäre der Wiederaufbau in diesem relativ kurzen Zeitraum niemals möglich gewesen.

Im Westen war es natürlich deutlich leichter. Die Industrie und das Volk durften mit ihren angesammelten Geldreserven bis zur Währungsreform am 23.06.1948 wuchern, die Konten waren nicht wie im Osten gesperrt. Der DDR-Bereich hat durch die Plünderungen durch sowjetische Soldaten und die gewaltigen Demontagen einen sehr hohen Zoll zahlen müssen.

Die Demontagegüter wurden vorwiegend von Deutschen, sicher nicht optimal verpackt, und z.T. auch zerstört. Als diese Soldaten gen Osten abtransportiert wurden, berichteten sie nach ihrer Heimkehr, daß viele dieser Kisten mit den Maschinen am Rande der Strecken lagen und verkamen.

Ein Teil der Berliner S-Bahnwaggons ist nach Warschau gebracht worden.

Der Westen Deutschlands war gegen den Osten - die DDR - sehr bevorzugt.

Berlin jedoch als Großstadt mit unendlich vielen Flüchtlingen einer total zerstörten Infrastruktur befand sich in allen Bereichen in einer permanenten Versorgungskrise, der sowjetische Sektor wieder mehr als die Westsektoren.

Kurt Schuhmacher

Der bekannte SPD-Politiker Kurt Schumacher hat auf einer großen Veranstaltung im Poststadion am Lehrter Bahnhof eine aufrüttelnde Ansprache gehalten. Er hat die Alliierten aufgerufen, es nicht den Nazis gleich zu tun. Die katastrophale Versorgung vor allem mit Nahrungsmittel, würde die Rationen, die den Konzentrationslager-Insassen zur Verfügung gestellt wurden, kaum überschreiten.

Er schrie in das Mikrophon: „Wir haben Hunger, wir haben Hunger, wir haben Hunger."

Der jubelnde Beifall war entsprechend. Als selbst Verfolgter konnte er sich diese Sprache erlauben. Der Vorwurf galt in erster Linie den Westalliierten, die Russen hatten selbst nichts und wurden nach dem Krieg z.T. von den Amerikanern versorgt.

Von den Zuständen sind laufend mehr Berichte in die USA gelangt, es wohnen dort bekanntlich Millionen Deutschstämmiger. Allgemein ist die amerikanische Bevölkerung ansprechbar für die Not anderer Menschen und hilfsbereit.

Die spätere, große Care-Paket-Aktion für die deutsche Bevölkerung hat wohl manch einen vor dem Tod, vor dem Verhungern bewahrt, aber nicht nur die Empfänger, sondern auch diejenigen, die über Geschenktes oder über den schwarzen Markt davon partizipierten.

Die Rationen der Lebensmittelkarten Karte I reichte zum Nichtleben und Nichtsterben, die der Karte III führte zu ständiger Gewichtsabnahme und ließ die vom Krieg übriggebliebenen Reserven langsam erschöpfen. Die Bauern profitierten davon, denn um nicht jetzt noch zugrunde zu gehen, verkauften die Menschen ihren Schmuck und jeden entbehrlichen Wertgegenstand, um sich etwas Zusatznahrung zu verschaffen. Wenige konnten das, die Wucherpreise in der Stadt wurden von Nachkriegsgewinnlern diktiert, sie wurden reich. Sie kannten kein Mitleid, suchten nur ihren Vorteil und übervorteilten die Ärmsten der Armen neben den besser Betuchten.

Ein Brot kostete - 1.000 gr. 300,00 Mark, 1 Pfund Butter 1.000 Mark und mehr, Obst und Gemüse gab es kaum. Wie schon gesagt: Die Konten in Berlin waren gesperrt!

Diese Ausgehungerten kamen in unsere Behandlung. Es fand sich bei den meisten Patienten ein deutlicher Vitalstoffmangel. Wer irgend konnte, hat auf dem kleinsten Stück Land etwas angebaut. So ist der riesige Tiergarten zu einer Kleingartenkolonie umfunktioniert worden. Mit Blech, Holzlatten, alten Bettgestellen steckte man die „Claims“ ab. Um Diebstahl während der Erntezeit vorzubeugen, hatte man Wachen aufgestellt. Da es keine Düngemittel gab, ist das wenige Land mit eigenem, in Wasser verquirlten Kot etwas fruchtbarer gemacht worden. Immer wieder können am Bildschirm derartige Hungerperioden in aller Welt beobachtet werden.

Die nächste Generation will von diesem Elend nichts mehr hören, und vielfach macht sie die gleichen Fehler.

Melasse, als Zuckerabfallprodukt, war ein begehrter Nahrungszusatz, z.B. als Brotaufstrich. Es fuhren regelrecht Melassezüge Richtung Brandenburg und zurück.

Überall mischten die Volkspolizisten mit und wollten ohne Einsatz und Risiko ihren Anteil.

So stand am Waggonausgang auf dem Trittbrett eine Frau mit einem Eimer voll Melasse. Ein Vopo wollte ihn ihr abnehmen. Mit einer schnellen Bewegung kippte sie ihm den Eimer über den Kopf. Alle, die es sahen, jubelten und klatschten Beifall. Der Vopo versuchte verzweifelt, sich von der klebrigen Masse zu befreien.

In ihrer Not haben die Menschen auch Rizinusöl zum Braten genommen, um einmal einen anderen Geschmack zu haben. Kurze Zeit später waren jedoch die Zusatzkalorien fortgespült.

Solange ich noch in der Charité erst als Pfleger, dann als Famulus tätig war, konnte ich mit Abgabe der Lebensmittelkarte dort essen.

Das langte natürlich nicht, und so mußte ich mich bis zur Währungsreform am Schwarzmarkttreiben beteiligen. Einmal hatte ich im „Wechselgeschäft" 10 Kg Zwiebeln „erschoben" und sie unter meinen Sitz in der U-Bahn gelegt. Alles schnupperte aufgeregt herum, und ich war froh, an meinem Zielpunkt ausgestiegen zu sein, ohne angebettelt zu werden. Die Leute, die so etwas nicht hatten, taten mir leid. In dieser Zeit ist sich jeder aber selbst der Nächste. Ich hatte wieder neues Tauschmaterial.
Trotzdem war bei einer Größe von 1.80 m mein Gewicht auf 55 Kg abgefallen, sicher auch durch die langsam sich verschlechternde Hepatitis und die vermehrten Stuhlgänge als Ruhrnachfolge.
Auf diesen körperlichen Tiefstand habe ich keine Rücksicht genommen, ich wollte im Studium weiterkommen. Die politische Bedrohung mit dem „Kalten Krieg" spitzte sich im Laufe der Zeit weiter zu. So strebten wir alle an, einen Abschluß zu erlangen.

Wir waren glücklich, daß im Januar 1946 die Universität wieder ihre Pforten öffentlich zum Studium freigab. Das erste klinische Semester begann im Frühjahr. Prof. Brugsch war der Hauptredner zur Eröffnungsfeier. Eine Anzahl der Lehrer war in den Westen abgewandert, oder ihr Lehrvertrag wurde wegen politischer Unzuverlässigkeit nicht erneuert. Sie wurden durch linientreue Dozenten ersetzt.
Die meisten Ärzte und Angestellten arrangierten sich, denn die „Freie Universität" wurde erst 1948/1949 gegründet.

Die erforderlichen Lehrfächer waren wesentlich mit den altbewährten Professoren besetzt. Am 18.03.1946 wurde ich erneut immatrikuliert. Das erste Semester haben wir begierig angenommen. Die Bedingungen waren nicht optimal, aber die meisten Hörsäle in einigermaßen brauchbarem Zustand. Wir persönlich hatten kaum Lehrmittel und Lehrbücher, so haben wir fleißig mitgeschrieben.

15. THEODOR BRUGSCH - MEDIZINISCHE KLINIK I

Nebenbei war ich in der Med. Klinik I als „Leib- und Hoffamulus"
von Prof. Brugsch geblieben und habe auf der Station B mitgeholfen.
Unser Stationsarzt war Dr. Johannes A. Schneider:
Konstitutionsforscher, Psychologe, Seelendoktor, Schriftdeuter, ein
liebenswerter, sanftmütiger Mensch. Er hatte scharze Haare und
dunkelbraune Augen. Ein Blick aus ihnen ließ die Mädchenherzen
höher schlagen.
Ab und zu schaute er mir auch prüfend in die Augen, weil er
feststellte, daß sie mal mehr mal weniger gelb gewesen sind.
Auf seine Empfehlung zog ich im Oktober 1946 wegen der nun
chronisch gewordenen Hepatitis C in ein Zimmer ein, in dem die
kriegsbedingten Wanddefrekte notdürftig verputzt, aber nicht
gestrichen waren. Meine Blutwerte zeigten deutlich pathologische
Veränderungen, und meine Leber sowie die Milz waren über
handbreit unter dem Rippenbogen zu tasten. Nun wurde ich mit
allerlei traktiert: 2-3 x wöchentlich Schlauch schlucken zur 12
Fingerdarmspülung und Gallenreizung, kalten Darmeinläufen,
warmen Leibauflagen und Einnahme von irgendwie greifbaren
Medikamenten. Eiweißreiche Nahrung war damals die Diättherapie;
das gab es aber nicht.
Die reizende Chefsekretärin Ilse Paetow brachte für mich ein
Aminsäurepräparat, Glutaminsäure aus Schweden mit. Man glaubte,
daß die Zufuhr von diesen Eiweißbausteinen sinnvoll wäre, da die
Leber in ihrer Syntheseleistungen gestört wäre.
Also ich nahm dieses Mittel.
Mir wurde von Tag zu Tag schlechter, unheimlicher, ich bekam
zunehmend Kopfschmerzen, und die Temperatur stieg an. Zu dieser
Zeit kam besorgt die Stationslaborantin - jede Station hatte ein eigenes
Labor - und rief mich, ich solle mir doch einmal meinen Blutausstrich
ansehen. Ich war entsetzt: Alle weißen Blutkörperchen waren in
Auflösung. Sofort die Gutaminsäure abgesetzt. In der Theorie ein
richtiger Gedankenansatz, in der Praxis auch manchmal tödlich.
Zunächst lag ich allein in dem kärglichen Zimmer. Nach einigen
Wochen kam ein netter junger Mann hinzu, und meine anfängliche
Verärgerung wandelte sich in eine Zeitfreundschaft um. Etwas Platz
war trotzdem noch im Zimmer. So legte Prof. Brugsch seinen älteren
Bruder zu uns. Insgeheim sagten wir: „Dieser alte Zausel hat uns
gerade noch gefehlt". Das war ein Irrtum. Der alte Herr, ein
pensionierte Gerichtspräsident, war ein Kavalier von Welt. Er
begrüßte bei der täglichen Visite die Oberschwester mit Handkuß, er
vermochte aus seiner reichen Erfahrung so manches Interessante zu
erzählen.

Seine schwer herzkranke Frau lag auf einer Nachbarstation. Jeden Mittag nahm er von seiner kärglichen Ration ein wenig ab und begab sich zu ihr, um ihr ein kleines Präsent damit zu machen.

Prof. Brugsch sagte, er wäre auch im Leben zuvor ein Kavalier manch einer Frau gegenüber gewesen, aber im tiefsten Herzen seiner Frau treu geblieben.

Wahrscheinlich, weil sie gütig war und ihm stets verziehen hat. Jetzt im hohen Alter wäre die Bindung sehr innig, wenn sie stürbe, würde er bald folgen. Das geschähe oft bei alten Ehepaaren, meinte Prof. Brugsch.

Er hatte recht, denn sie starb zuerst, dann kurze darauf der alte Kavalier.

In meiner späteren ärztlichen Tätigkeit habe ich das immer wieder einmal festgestellt.

Nebenbei half ich auf der Station mit. Langsam erholte ich mich und besuchte auch eine Anzahl Vorlesungen, um nicht ein kostbares Semester zu verlieren.

Im Februar 1947 wurde ich, mäßig gebessert, aus der klinischen Behandlung entlassen.

Aus heutiger Sicht wissen wir, daß die chronische Hepatitis C, die meine Lebensqualität nun seit über 50 Jahren, meine Lebenserwartung auch abkürzen könnte, vermindert, nur eine Heilungsrate von 20-30 % hat. Trotz allem mußte ich mich schnell wieder voll in das studentische und klinische Reglement integrieren. Ich machte in der I. medizinischen Klinik alle Visiten mit und lernte von Prof. Brugsch und seinen Mitarbeitern bedeutend mehr praktische Medizin als im Hörsaal.

Wir lebten in der Charité wie auf einer Insel, waren aber gerade in Berlin mit seinen wirtschaftlichen Nöten und der permanenten politischen Gefährdung voll in das Weltgeschehen eingebunden. Wir hatten gerade eine Diktatur überstanden, die neue zeigte sich immer härter für freiheitsliebende Menschen. Viele führten wieder eine Art Doppelleben, und es ging in der Ernährungsfrage für eine große Zahl einfach um das Überleben.

Der Nürnberger Prozeß hatte am 16.10.1946 begonnen und spülte das eben Vergangene wieder hoch. Wir waren gerade dabei, diese Episode zu verdrängen. Doch die Gegenwart holte uns immer wieder ein.

Eine freigewählte, liberalen Gesetzen treue Demokratie, welche die international anerkannten Menschenrechte achtet, benötigt keine Geheimpolizei, Spitzel u.a. Instrumentarien, seine Bürger zu beherrschen. Die DDR war, wenn sie sich auch demokratisch nannte, keine Demokratie, das erlebten wir auch in unserer I. medizinischen Klinik.

Ich war meiner Leber wegen in Bad Mergentheim zur Kur. Das Reglement war streng, aber wir hatten am Sonnabend Ausgang. Wir waren jung, nicht bettlägerig krank und gingen sonnabends tanzen. Die Amerikaner hatten nur einen Saal frei gegeben, der entsprechend voll war. Mein Begleiter, ein fescher junger Mann wählte sich beim Walzer stets eine etwas ältere, dicke Frau. Ich fragte: „Wieso gerade die?" Seine Antwort lautete: „Bei ihrer Fülle prallen auf dem Parkett, vermittelst der Fliehkraft, die uns Berührenden einfach ab, der Kreisel dreht sich, ist nicht zu stören. Aber linksherum, da schaffe ich es mit meinen kurzen Beinen nicht, und es ist ein reines Vergnügen, so auf ihrem Bauch herumzuschweben. Das nur als kleines Intermezzo.

In dem Kurort traf ich einen Arzt aus dem Hause Brugsch, freute mich, einen 'vertrauten' Gesprächspartner zu haben. Es war ein großer rotblonder, verschlossener, undurchsichtiger Mann. Das fiel mir erst später auf. Ich habe mit ihm - hier im Westen - viele, von meiner Seite offene Gespräche geführt. Eines Tages bat mich meine damalige Verlobte um einen dringenden, telefonischen Rückruf nach Berlin. Sie erzählte mir, daß der Arzt, mit dem ich in Mergentheim kurte, im RIAS und in der Presse als gefährlicher SED-Spitzel bezeichnet wurde. Da bekam ich einen rechten Schrecken, denn manch einer, der ein offenes Wort äußerte, war plötzlich verschwunden.

Mit einem gewissen Bangen kehrte ich heim, praktisch zur gleichen Zeit wie dieser Arzt. In den nächsten Wochen fühlte ich mich nicht recht wohl.

Als der Spitzel zur ersten Chefbesprechung erschien, sprach ihn Brugsch sichtlich erregt an, ob er der Spitzel sei, der in den Medien z.Zt. im Mittelpunkt stünde? Die Post mehrerer Ärzte und Schwestern würden seit seinem Erscheinen in der Klinik laufend kontrolliert worden sein. Der Arzt stotterte, gab keine klare Antwort, und Brugsch wurde noch erregter. Schließlich - weiter bedrängt - mußte er es zugeben. Brugsch war wütend, schrie ihn an, er solle sofort die Klinik verlassen und hätte von jetzt an sofortiges Hausverbot.

Das war eine Stellungnahme, aus der hervorging, daß Brugsch kein Kollaborateur gewesen ist, wie man immer wieder hörte.

Ein zweites Erlebnis, das diese Position bekräftigt, erlebte ich an einem Sonnabend Mittag.

Brugsch wollte gerade gehen, aus irgendeinem Grund war ich bei ihm.

Die Sekretärin, Frl. Bender meldete ihm einen hohen SED-Funktionär aus der Zone, er wolle jetzt von ihm untersucht werden.

Wieder wurde Brugsch wütend, die beiden trafen sich im Sekretariat. Er herrschte ihn an, wenn er ein noch so hoher Parteifunktionär wäre, hätte er sich, wie alle Patienten zuvor gefälligst anzumelden. Sie könnten sich nicht alles herausnehmen und glauben, daß jeder nach ihrer Pfeife tanzen würde.
Sprach's und rauschte wieder hinaus.
Der Funktionär, der sicher in seinem Kreis gefürchtet war, stand erstarrt da. Die Sekretärin bat ihn, die Klinik zu verlassen.

Brugsch konnte sich das auch erlauben, denn er war in der DDR eine Persönlichkeit mit einem besonderen Status, gewiß auch ein Aushängeschild. Er glaubte in seiner Funktion als Dekan der medizinischen Fakultät und Abteilungschef für Hochschulwesen und Wissenschaft manches abmildern und verbessern zu können.
In den folgenden Jahren wurde er Vizepräsident der Zentralverwaltung für Volksbildung, erhielt den Nationalpreis, den vaterländischen Verdienstorden, den Goethepreis, erhielt den Ehrentitel „Verdienter Arzt des Volkes" und „Hervorragender Wissenschaftler des Volkes".
Diese zahlreichen Auszeichnungen und Ehrungen sind selbstverständlich für Außenstehende ein Zeichen für Mittäterschaft. Die beiden eben geschilderten Erlebnisse mildern diesen Eindruck. Besonders die jahrelange Mitarbeit in seiner Klinik, bei der wir seine von Humanität geprägte Persönlichkeit sehr schätzen gelernt haben, zeigen ein anderes Bild. Brugsch war nie Mitglied der SED.
Die große Zahl von Ehrungen haben dem alternden Mann wohlgetan. Man kann es verstehen. Jedoch ganz freisprechen kann man ihn nicht.
In seinen Veröffentlichungen hat er sich nie radikal sozialistisch geäußert. So schreibt er z.B. auszugsweise in einem Artikel: „Der Sozialismus ist bei uns in der DDR begrifflich die gemeinsame Leistung eines ganzen Volkes. Da die Leistung eines Volkes das Wesentlichste im Sozialismus ist, und diese nicht nur vom guten Willen der Menschen zu gemeinsamer Leistung, sondern auch von der Gesundheit und Kraft der Menschen abhängt, so ist hier der Arzt mit einer besonders wichtigen Aufgabe betraut. Er ist gewissermaßen der Gesundheitsgarant für seinen Patientenkeis".
Weniger streng gesehen gilt das für jede Volksgemeinschaft und die Verantwortlichkeit des Arztes.
Brugsch hat sich aber trotzdem wohl mehr als unbedingt notwendig zur Verfügung gestellt.
Für ihn war der Sozialismus eine relativ leichte Last, denn er hatte als Prominenz viele Privilegien, so z.B. auch beim Einkauf in speziellen Geschäften. Zudem war seine Frau Schweizerin, die jeder Zeit die Grenze überschreiten durfte, er natürlich auch. Es ist auch heute noch

die Frage, inwieweit das „Aushängeschild Brugsch" die SED-Diktatur gestützt hat. Der große „Bruder UDSSR" war so übermächtig, daß er nur als ganz kleines Rad anzusehen ist.

Auch die Duldung des Westens ist bedeutsamer gewesen. Ich denke, daß die Waage zu seinen Gunsten wegen des mäßigenden Einflusses, den er ausüben konnte, ausschlägt. Wenn man im Gegensatz dazu, diejenigen welche sich dem Kriegshandwerk verschrieben haben, betrachtet, ist seine humanistische Bilanz „Barmherzigkeit"-Charité, sehr positiv.

16. POLITISCHES ZWISCHENSPIEL

Damit sind wir wieder mitten im Zeitgeschehen und tief in der wissenschaftlich-menschlichen und politischen Verquickung dieser jüngst vergangenen Periode.
Die große und kleine Politik hat damals viele Irrungen und Wirrungen provoziert und erlebt.

So sind amerikanische und englische Politiker gutgläubig in ein gemeinsames, gedachtes Friedensboot mit Stalin gestiegen. Später stellte sich heraus, daß es sich hier nur um ein Kriegsschiff handelte, das nicht imstande war, in friedliche Gewässer zu gelangen.
Damit scheiterte die verbale Einigung, den Friedensvertrag auf der Basis der deutschen Grenzen von 1937 zu schließen. Diese Einigung war eben nur verbal. Mit dem Sieg war die Waffenbrüderschaft, die Koalition gegen Hitlerdeutschland, bereits zerbrochen.
Stalin betrieb weiterhin die kommunistische Weltherrschaft und ließ in zahlreiche Länder seine Agenten infiltrieren, um dort mit ihm befreundete Regime aufzubauen. Die Erweiterung des kommunistischen Machtbereiches nahm gefährliche Ausmaße an.
Es war unzweifelhaft, daß wir große Gebiete abtreten mußten. Es war ein Bestandteil der alliierten Verhandlung auf der Potsdamer Konferenz im Februar 1945. In den sogenannten „Briefing Books“ als Rahmenrichtlinien zu dieser Konferenz sollten nach Maßgabe der USA über 16.000 Quadratkilometer Land mit mehr als 2 Millionen Einwohnern bei Deutschland bleiben. Bei der endgültigen Friedenskonferenz, die mit der nunmehrigen Abtretung der Ostgebiete besiegelt wurde, gaben die USA den Kommentar: wenn sie die Verhandlungen für Deutschland geführt hätten, würden sie nicht so viel Land preisgegeben haben, wie es die damalige deutsche Nachkriegsregierung tat.

Das Verhältnis zwischen den Westalliierten und der SU kühlte zunehmend ab. Die Erkenntnis gewann an Boden, daß ein zu schwaches Deutschland, ja Europa, dem Ostblock zustreben könnte.
So beschloß Amerika eine große Stützungsaktion. Am 05.06.1947 hielt Georg C. Marschall seine berühmte Rede, die zu dem europäischen Wiederaufbauprogramm den Anstoß gab. Deutschland war inbegriffen. ERP! 1948 ist dieser sogenannte Marshallplan in Kraft getreten; er galt zunächst für 4 Jahre.
Er beinhaltete: 1/3 Kredite und 2/3 Zuschüsse, aber nicht in Dollar, sondern in Waren aus Amerika und anderen befreundeten Ländern.
Die erste Sendung erreichte Deutschland am 11.11.1948. Sie wurde begeistert empfangen.

Die amerikanische Produktionskapazität ist kriegsbedingt doppelt so hoch wie in Friedenszeiten gewesen. Wir schreiben das Jahr 1948. Es gab, da keine militärischen Aufträge seitens der USA-Regierung mehr vorlagen, eine große Arbeitslosigkeit.

Erhebliche Industriekapazitäten lagen brach, die Produktion war stark zurückgefahren. Gefährliche Spannungen und soziale Not beunruhigten die USA-Regierung.

Die Lösung des Problems für Europa, das hungerte und großen Mangel an Wirtschaftsgütern hatte, bestand in der Ankurbelung des transatlantischen Warenverkehrs unter Gewährung von günstigen Krediten.

Die USA hatten große, vom Staat aufgekaufte Erntevorräte, die einen doppelten Zweck erfüllen konnten: Europa mit Nahrungsmitteln zu versorgen und den amerikanischen Staatshaushalt zu entlasten.

In diesen Zeitbereich stieß Ludwig Ehrhards Deklaration der freien Marktwirtschaft im Anschluß an die Währungsreform am 23.06.1948. Damit war eine schnelle wirtschaftliche Entwicklung der Westzonen gewährleistet, und der Warenaustausch zwischen Europa und Deutschland erlebte einen erfreulichen Beginn zum Nutzen beider Seiten.

Das war lebensnotwendig für die freie Welt, denn der kommunistische Machtbereich ging nun von Polen, dem Balken, der Tschechoslowakei, bis nach China, Vietnam, Korea, Kuba u.a. sympathisierende Länder.

Trotz dieses gefährlichen Nah- und Weitbereiches waren wir in einer Aufbruchstimmung und fühlten uns im Schutze der Westmächte relativ sicher. Die Sowjet- und DDR-Diktatur zeigte sich noch nicht in Berlin mit seinem wahren Gesicht, wie es die DDR-Bevölkerung immer deutlicher zu spüren bekam.

26 Theater und Bühnen hatten ihre Pforten geöffnet. Die Staatsoper besaß noch z.T. ihr ausgezeichnetes Ensemble der Vorkriegs- und Kriegszeit, ebenso die anderen Theater.

Wir jubelten den Interpreten wie Erna Berger, Rita Streich, Heinrich Schlußnus, Rudolph Schock, Helge Roswänge, Tiana Lemnitz, Margarete Klose, Greindel, Domgraf-Faßbänder, Manovarda u.a. am Schluß bis zu einer ¾ Stunde zu. In diesen Vorstellungen vergaßen wir die Welt um uns herum.

Die Berliner - trotz Hunger, Not und Kälte - strömten herbei, um für wenige Stunden ihre Trostlosigkeit zu vergessen. Das kann nur derjenige verstehen, der es miterlebt hat.

Die Künstler endlich wieder frei vom Druck des NS-Regimes und der Verstellung in dieser Zeit gaben ihr Bestes. Sie schauspielerten, sangen und musizierten mit einer Begeisterung, wie man es heute kaum mehr erlebt.
Ein Konzert ist mir in besonderer Erinnerung.
Jehudi Menuhin spielt im Titaniapalast in der Steglitzer Schloßstraße. Das Konzert war lange zuvor ausverkauft. Über meine damalige Braut schleuste uns ein Musiker hinter die Kulissen.
Menuhin spielte mit einer Hingebung, die uns erschütterte. Man spürte förmlich, wie er als Jude mit seinem Spiel für uns um Vergebung bat. Stehend dankten ihm die Berliner mit langanhaltenden Ovationen.
Meine Schwiegereltern fragten mich, wie es war. Ich konnte nur sagen: „ Es war wie ein wunderbares Gebet".

Als Menuhin, der sich weiter vergebens um Völkerverständigung bemühte, später einmal während eines Auftrittes vor Berliner Schülern gefragt wurde, welches Konzert ihm in besonderer Erinnerung wäre, antwortete er spontan, es sei dieses Konzert gewesen, das ich miterleben durfte.
Das sind Sternenstunden in dunkler Nacht, die man nie vergißt, besonders, wenn ein Mensch der so schwer geschundenen Rasse, der er angehört, „Barmherzigkeit" übt und sich bedingungslos für uns einsetzt.

Das erste Konzert mit Heinrich Schlußnus war ebenfalls ein Erlebnis. Zu Beginn stand er, minutenlang stürmisch begrüßt, verlegen von einem Bein auf das andere trippelnd mit gesenktem Kopf da. Er sang mit seiner schönen Baritonstimme eine Anzahl Lieder und zum Schluß dasjenige, welches den Refrain „Deutschland, mein Vaterland" hatte. Die Menschen jubelten ihm zu, sie hatten nicht die Hoffnung verloren, eines Tages wieder ein Vaterland haben zu dürfen.
Furtwängler wurde bei seinem ersten Auftreten mit den Berliner Philharmonikern ähnlich gefeiert.

Ein studentisches Leben, wie es aus früherer Zeit bekannt ist, gab es nicht, das Zeitgeschehen ließ es nicht zu. Neben dem Studium beschäftigte sich aber eine Gruppe von uns mit dem Problem, wie wir der freien Welt zeigen könnten, daß ein demokratisches, liberales Gedankengut in der Studentenschaft lebendig ist.
Wir planten ein Studentenparlament, entwickelten entsprechende Statuten und nahmen mit amerikanischen und englischen Kulturreferenten Kontakt auf.
Wir befanden uns jedoch im Sowjetsektor.

Der russische Geheimdienst meldete sich, und wir nahmen vorsichtshalber Abstand von unserem Plan.

Offiziell zeigte sich ein großer Mut bei der Wahl zur ersten, vom Dekanat der medizinischen Fakultät ins Leben gerufene, Studentenvertretung. Diese Wahl fand im Hörsaal der Pathologie statt. Die einzelnen Kandidaten mußten sich vorstellen und ihre politischen Ansichten offenlegen. Der Saal war bis auf den letzten Platz gefüllt, auf den Treppen standen weitere Studenten. Unter uns befanden sich Personen, die mit Gewißheit keine Mediziner waren, sicher Spitzel.
Trotz dieser Leute wurde jeder Kandidat durch Zuruf über 3 Themen befragt:
„1. Bist Du für Freiheit der Rede, 2. der Presse und 3. der Person?"
Die „linientreuen" Kandidaten wanden sich hin und her und versuchten dialektisch der klaren Antwort auszuweichen. Bei jeder Frage riefen wir mit gewaltiger Lautstärke: „Ja oder nein?" immer und immer wieder, bis unsere Kandidaten durchkamen. Besonders hat sich der Kommilitone Hohlfeld hervorgetan durch seine mutige Stellungnahme. Unsere Erregung hielt noch einige Tage an, wir befürchteten, daß unsere Hauptsprecher und Kandidaten Repressalien ausgesetzt würden. Zum Glück geschah nichts, das Regime saß in Berlin nicht fest genug im Sattel.
Um diesem Druck zeitweilig zu entrinnen, feierten wir im Westsektor manch ein Tanzvergnügen, so z.B. einmal im Studentenhaus, das erhalten blieb. Eine exzellente Kapelle, besetzt mit 4 Trompeten, 4 Saxophonen, 2 Posaunen, 2 Schlagzeugen und 1 Klaviervirtuosen zauberte heiße Rhythmen aufs Parkett. Plötzlich geht ein AMI-Soldat zum Kapellmeister, ich tanzte gerade da vorbei, gab ihm einen Batzen Geld und sagte: „get away". Er übernahm die Leitung, rief einen Kameraden, der einem Trompeter das Instrument wegnahm. Es war der Startrompeter von dem bekannten Harry James. Nun ging es erst richtig los. Die Stimmung kochte. Und in diesen Hexenkassel platzten 4 Soldaten einer sowjetischen Streife, die auch Zutritt zu den anderen Sektoren hatten, umgekehrt auch die westlichen Militärs zum Sowjetsektor. Ein wüstes Pfeifen und Geschrei unterbrach die Musik. „Raus, raus" ertönte im Chor. Die Russen fühlten sich gewiß nicht wohl. Es war eine gefährliche Konfrontation. Amerikanische Militärpolizei wurde herbeigerufen und führte die sowjetischen Soldaten unter unserem Jubel ab. Wenn einer der Soldaten fehlreagiert hätte, wäre es möglicherweise zu einem Blutbad gekommen.

17. DAS STUDIUM GEHT WEITER!

Unter dem Rektorat von

Johannes Stroux

Doktor der Philosophie und ordentlichem Professor der Klassischen Philologie,
Komm. Präsidenten der Akademie der Wissenschaften

ist heute

Herr Werner P o d s z u s aus Berlin
(Geburtsort)

als Student der Medizinischen Fakultät
in die Universität Berlin aufgenommen und durch Handschlag
feierlich auf ihre Ordnung verpflichtet worden.

Berlin, den 18. März 1946

Der Rektor

Zu unserem Glück waren noch praktisch alle Kliniken mit den meist berühmten Gelehrten und Ärzten besetzt. Sie verhielten sich vorzugsweise politisch neutral und pflegten die alte Tradition der Charité „Barmherzigkeit" am Krankenbett, in Forschung und Lehre.

Die II. medizinische Klinik stand unter der Leitung von Prof. Gustav von Bergmann. Er war ein weiser alter Mann mit schütteren Haaren, seine Stimme hatte keine große Dynamik mehr, aber er beeindruckte uns durch seine klugen Vorlesungen.
So sprach er einmal über psycho-somatische Krankheitsbilder und deren außerordentliche Variabilität. Ein Patient wurde im Krankenfahrstuhl in den Hörsaal gebracht. Von Bergmann trat ihm entgegen, sprach verständnisvoll mit ihm. Er erklärte seine Krankheit und den Sinn derselben; er könne glücklich sein, daß kein organischer Befund vorläge. Wenn er sich anstrengen würde, die Angst verlöre, dann könne er gehen. So sprach er suggestiv zu ihm, er solle jetzt aufstehen und den Studenten zeigen, daß er laufen könne. Der Patient stand auf; wir hielten den Atem an, als er die ersten Schritte trat. Von Bergmann stand vor ihm, hielt ihm beide Arme entgegen. Plötzlich versagten die Beine des Patienten, er fiel v. Bergmann entgegen, riß ihn um, beide stürzten, v. Bergmann auf Gesäß und Rücken. Wir sprangen entsetzt auf, die Assistenten eilten hinzu, richteten beide auf. Sie setzten den Patienten in seinen Rollstuhl und v. Bergmann auf einen Stuhl. Er keuchte, war ganz blaß, und sein Gesicht war schmerzbewegt. Man fragte ihn, ob die Vorlesung abgebrochen werden sollte, er verneinte, bat nur um ein paar Minuten um Ruhe.
Der Patient wurde hinausgefahren. Nach der Pause führte von Bergmann schweratmend sein Kolleg fort und sagte sinngemäß, daß ein wahrhaft organisch gelähmter Patient keinen einzigen Schritt gehen könnte.
Bei dem neurotisch gelähmten Patienten würde man versuchen, mit Hilfe einer Psychotherapie mit unterstützenden krankengymnastischen Übungen die Gesundheit wieder herzustellen. Der Erfolg hinge aber entscheidend vom Patienten selbst ab.
In einer weiteren Vorlesung sprach er über die verschiedenen Arten von Herzerkrankungen, im speziellen über die entzündlichen.
Von Bergmann war ein bekannter Herzspezialist. Nach einer Erläuterung des vorzustellenden Krankheitsbildes wurde auf einer Liege ein 18 jähriges Mädchen hereingefahren. Von Bergmann dozierte über Perkussion und Auskultation, und daß man über die Anamnese und vor allem über das Abhören zu einer exakten Diagnose kommen könne.
So ließ er den Oberkörper des Mädchens frei machen. Wir waren über die wohlgeformte Brust entzückt. Von Bergmann hatte kein

Stethoskop; er legte sein Ohr auf die Brust und lauschte und lauschte. Wir wurden unruhig, und es flüsterte laut: „Er ist eingeschlafen" oder „nein, nein, der alte Herr ist ein Genießer, er will nur noch einmal Jugend tanken" Dann wurde es noch unruhiger, einige riefen: „ich auch einmal". Als er nun die Unruhe deutlich vernahm, richtete er sich auf, blickte souverän umher, und wir verstummten. Er war eine außergewöhnliche Respektsperson.
Wir waren zwar eine hartgesottene, durch den Krieg gegangene Studentenschaft, aber ehrten wahre Autorität. Ob das heute noch der Fall wäre? Es hätte gewiß zotige Bemerkungen und mehr Unruhe gegeben.

Von Bergmann sagte zu anderer Gelegenheit, er würde von jedem Menschen etwas lernen können. Das zeigte, daß er trotz seiner Berühmtheit ein demütiger Mensch wohl gewesen ist. Bei seiner Beerdigung wurde das auch betont.
Sein Oberarzt Dr. Oettel quälte uns in wahrstem Sinne des Wortes mit der Lehre über die seltensten der seltenen Infektions- u.a. Erkrankungen. Damals war das allenfalls ein Gedächtnistraining, auch -belastung.
Aber in der heutigen Zeit der internationalen Reiseaktivitäten haben alle diese Erkrankungen eine globale Bedeutung.
Das Versprechen der Weltgesundheitsorganisation aus dem Jahre 1975: „Bis zum Jahre 2000 Gesundheit für alle" erfüllte sich bei weitem nicht. Erst müßte die Armut bekämpft werden.
Die Natur ist bezüglich der Krankheitserreger bei weitem klüger und raffinierter als die Menschen. Die Resistenzen nehmen trotz einer großen, immer wirksameren, Anzahl von Antibiotika, stetig zu, und damit auch die Nebenwirkungen.
Die größeren Tiere, die Wälder und zuletzt den Menschen können wir ausrotten, aber nicht die Bakterien und Viren, oder Insekten.
Es ergibt sich die Frage, ob der Schöpfer aller Dinge, Gott, bis in die Ewigkeit diesem Treiben der Menschheit zuschaut, oder, wie es in biblischer Prophezeiung heißt, eingreift, um seine Schöpfung und die gutwilligen, friedfertigen Menschen vor dem endgültigen Verderben und der Selbstzerstörung zu bewahren.

In der Klinik des Prof. von Bergmann habe ich einen weiteren weisen Arzt kennengelernt und bei ihm im Krieg famuliert: Thure von Uexküll. Beide haben nicht die Krankheit, sondern in erster Linie den kranken Menschen gesehen.
Er hat noch viele Jahre an der Münchener Universität segensreich gewirkt.

Ein gleiches humanistisches Denken vertrat auch mein langjähriger
Lehrer Theodor Brugsch.

In der Klinik für Neurologie und Psychiatrie löste der Österreicher de
Crinis als Lehrstuhlinhaber den bekannten, pazifistischen Karl
Bonhoeffer ab. De Crinis war ein fanatischer Nationalsozialist. Er war
führend als Gutachter und Verfechter in der Aktion „Gnadentod" von
Behinderten. Die Aktion begann am 01.09.1939 De Crinis war für den
Tod von Tausenden dieser unglücklichen Menschen verantwortlich.
Er hat sich in den letzten Kriegstagen, als er nicht mehr aus Berlin
herauskam, mit Gift das Leben genommen.
Hätte er seinem ärztlichen Gewissen und dem hippokratischen Eid
und nicht den Machthabern gehorcht, wäre ihm dieses Ende erspart
geblieben.
Er hat mit diesem Selbstmord sein eigenes Todesurteil vollzogen, ein
Schuldeingeständnis abgegeben und sich einem ordentlichen
Gerichtsverfahren entzogen.

Pastor Braune von Bodelschwing und Sauerbruch gingen am
12.07.1940 zum Reichsjustizminister Dr. Gürtner, um gegen den
Massenmord zu protestieren.
Dr. Gürtner spielte den empörten Ahnungslosen. Pastor Braune wurde
am 12.08.1940 verhaftet, Sauerbruch schützte sein Weltruhm.
Besonders durch das mutige, öffentliche Eintreten von Clemens von
Galen, dem Bischof von Münster, wurde die Aktion „Gnadentod"
abgebrochen.

Drei Berichte einer Psychiatrievorlesung finde ich interessant und
erzählenswert.
1: gerichtsmedizinisch musste der plötzliche Todesfall eines Jungen
beurteilt werden.
In München stellten sich mehrere Jungen, die ja immer zu dummen
Taten bereit sind, auf die Straßengrenzmauer, welche eine Bahn
überquerte. Es ging um die Wette, wer als erster mit seinem Urinstrahl
das Kabel der elektrischen Oberleitung trifft.
Einer schaffte es und war sofort tot. Die Hochspannung kam über den
Wasserstrahl in seinen kleinen Körper.
Es war kein "natürlicher" Tod. Es gab keinen "Täter", man hätte nur
von einer Kollektivschuld sprechen können.

2: ein Arzt war angeklagt, er hätte einen seiner 2 Söhne das Genick
gebrochen. Fahrlässige Tötung? Mord?
Vor Gericht bei der Vernehmung sagte er aus, er hätte den Sohn
scherzhaft am Kopf etwas gezogen, die Ehefrau bestätigte, dass es nur

leicht war. Der Sohn wäre ihm dann tot aus den Händen geglitten. Er könne ja die Handlung einmal bei seinem 2. Sohn zeigen. Er tat es, und der 2. Sohn war ebenfalls sofort tot.
Die Obduktionen ergaben, dass beide Söhne eine Missbildung der Halswirbelsäule hatten.
Irgendwann bei einem Auto- oder anderen Unfall hätte der Tod eintreten können oder müssen.

3: bei der Vorstellung eines schizophrenen Patienten wurde eines seiner seitenlangen Schreiben vorgelesen. Der Patient wollte es den verantwortlichen Politikern der Welt, die sich im "Kalten Krieg" befanden, zustellen.
Es war ein an sich hervorragendes Konzept, aber auf jeder Seite befand sich ein Passus, der völlig vom Sinn des Gesamtschreibens abwich.
Zweierlei kann man daraus entnehmen, dass schizophrene Patienten eine überaus hohe Intelligenz haben können, aber eine Einsicht und einen kontinuierlich logischen Gedankenfluß fehlen lassen.
Sie hungern auch z.T. wochenlang, weil sie durch die Nahrungsaufnahme an reinem Denken gehindert werden.

Der Direktor der Hals-Nasen-Ohren-Klinik war Prof. von Eicken. Er war ein Hüne von einem Mann mit einem „Bismarckkopf", dichten buschigen Augenbrauen und Schnurrbart. Er lehrte mit kräftiger Stimme in einem Handtuch von Hörsaal. Eines Tages besprach er den Nasenlupus (Tuberkulose). Er rief aus: „Das kommt nur vom Popeln, denn die Berliner popeln alle!" Ein Raunen ging durch das Publikum: „Och, och, och, das glauben wir nicht!"
„Was, das glauben Sie nicht", rief er noch lauter, „was meinen Sie, wie die Berliner popeln, das ist fast ein Volkssport!" Es kam zu einem vergnüglichen Scheintumult.
Trotz seiner Größe mit den entsprechenden großen Händen war er ein hervorragender Operateur.
Das hat auch Adolf Hitler erfahren.
Von Eicken hat ihm einen Stimmbandpolypen entfernt. Wäre das mißlungen, hätte Hitler seine größte Waffe, die Sprache mit Lautstärke, eingebüßt.
Er mußte ihn bis an das Kriegsende auch weiterhin behandeln, und er wurde sehr zuvorkommend gewürdigt.

Bis zum Kriegsende kamen Patienten aus aller Herren Länder, um sich von ihm beraten oder operieren zu lassen.

Sein potentieller Nachfolger Schulz van Treek, ein kleiner, auch eitler Mann, war kein geringerer Operateur, aber er stand stets im Schatten des übermächtigen von Eicken. Er sagte - so berichtete man - wenn er der Nachfolger seines Rivalen würde, dann ließe er von den Philharmonikern die „Neunte" von Beethoven spielen. Nun möglich ist es, denn kleine Männer sind eher zu spektakulären Taten bereit, als diejenigen, die schon körperlich etwas darstellen.

Viele Jahre bekleidete Prof. Löhe den Lehrstuhl für Haut- und Geschlechtskrankheiten. Er war ein älterer Herr mit markantem Kopf.
Er pflegte mit seinen Fingernägeln auch eitrige Hautschuppen abzuheben, um das pathologische Geschehen gut erkennbar zu demonstrieren. Er schien sich nicht zu ekeln, auch keine Furcht vor Ansteckung zu haben; wir fanden das nicht so gut. Aber ein Hautarzt sieht so schwere Schädigungen und kann die Gefahr abschätzen.

So erzählte man eine kleine Geschichte.
Zu Beginn der ersten Vorlesung stellte der Professor ein Glas mit Urin auf sein Pult und sagte: „Sehen Sie meine Damen und Herren, ein Arzt muß eine gute Beobachtungsgabe haben und darf keinen Ekel empfinden. Ich tauche jetzt einen Finger in das Glas und lecke ab. Bitte kommen Sie der Reihe nach vorn und tun Sie es mir nach".
Die Studenten kamen mit gemischten Gefühlen, tunkten einen Finger ein und leckten ihn ab. Der Gruppenzwang und das Bedenken, sich zu blamieren, ließ sie es tun.
Der Professor sagte nun: „Sie haben zwar Ihr Ekelgefühl beherrscht, meine Damen und Herren, und einen Finger eingetaucht und denselben auch abgeleckt. Nun, Sie haben Ihren Ekel beherrscht, aber nicht richtig beobachtet. Ich habe den Zeigefinger in den Urin getaucht und den Mittelfinger abgeleckt".

Löhe war zwar ein berühmter Arzt, aber nicht allwissend. Er gab das ehrlich zu. So erzählte er in einem Kolleg, wenn er mit einem Ekzempatienten nicht weiterwußte, hätte er diesen zu einer alten „weisen" Frau geschickt. Sie hätte durch „Besprechen" schon mehrere Fälle gelöst, und den Patienten ohne Medikation geholfen.
Er erwähnte, daß Haut und Psyche in enger Verbindung stünden. Entwicklungsgeschichtlich entspringen Haut und Nervensystem dem gleichen Keimblatt. Wir kennen Erlebnisse und Ereignisse, wo bei Aufregung, Angst, Streß und dergleichen die Haut kribbelt, zu jucken anfängt, sich die Nackenhaare aufstellen, und wie man sagt eine „Gänsehaut bildet".
Ekzempatienten reagieren signifikant auf psychische Insulte. Der Begriff „Neurodermitis" zeigt es an. Verschiedene Psychologen

fordern, daß bei offensichtlicher psychogener Beteiligung mit schwer behandelbaren Hauptproblemen eine entsprechende Psychotherapie mitlaufen sollte. Die Oberflächenheilung mit Tinkturen, Salben und dgl. ist nicht dauerhaft bei diesen Patienten.
Wegen der „Kostendämpfungsmaßnahmen" sind so tiefgreifende und kostspielige Therapien nicht mehr möglich.

Vier Gynäkologieprofessoren sind mir noch in Erinnerung: Stoeckel, Craatz, Kaufmann und Schopohl. Stoeckel war ein zartes, altes Männlein, aber würdevoll, vertrauenerweckend und mitfühlend, Eigenschaften, die ein echter Frauenarzt haben sollte. Wir sagten „Papa Stoeckel".
Eine ganze Anzahl Frauen wollten sich unbedingt von ihm operieren lassen, obwohl jüngere Ärzte zur Verfügung standen. Er tat es auch noch ausgezeichnet, aber sehr langsam und sorgfältig. Eine Uterusextirpartion konnte bis 3 Stunden dauern.
Bei den damaligen Narkoseverfahren war das keine geringe Herz-Kreislaufbelastung, aber mir sind keine Fehler bekannt geworden.

Prof. Kaufmann, ein vollschlanker, jovialer Herr, machte auf einer Entbindungsstation Visite. Es war in den letzten Kriegsmonaten. Er tätschelte einer 15-jährigen jungen Mutter an der Wange mit der Frage: „Na, wie geht es mein Kleines"? Das Mädchen reckte sich hoch, blickte ihn zornig an und sagte: „Ich verbitte mir das, Herr Professor, ich bin eine deutsche Mutter und nicht Ihr Kleines". Das war eine deutliche Abfuhr und ein Zeichen der Fehlerziehung junger Menschen in der damaligen Zeit.

Prof. Craatz, der Mitarbeiter von Prof. Stoeckel, war ebenfalls ein leicht fülliger Konstitutionstyp, elegant zu lehren und zu operieren. Seine Vorlesungen wurden stets gut besucht.

Prof. Schopohl, Nachfolger von Prof. Kaufmann, hatte schlanke Hände, sehr geeignet für vaginale Operationen, die er vorzüglich ausführte. Er war ein beherrschter, schlanker Mann, ein Ulcustyp. Auch er ist, wie so viele, später in den Westen gegangen und war Chefarzt im Auguste-Viktoria-Krankenhaus.

An die Pharmakologievorlesungen von Prof. Heubner erinnere ich mich noch lebhaft. Er war ein berühmter Kenner seines Faches. Seine wissenschaftlichen Arbeiten fanden international Anerkennung.
Nur seine Vorlesungen bei uns nicht.
Es war eine trockene Materie mit vielen Formeln und Daten. Die Dosierungen der einzelnen Spezialitäten, die Überdosierung, die

Vergiftungserscheinungen, oft sehr ähnliche, sich zu merken, war schwer.

Er hatte die Tafel mit Formeln vollgeschrieben. Man mußte den im Organismus sich vollziehenden Abbau vorstellen und im Gedächtnis behalten. Die Metabolite, die Zwischenabbbaustoffe, die oft giftiger sind als der Ursprungszustand, vergrößerten noch die Merk- oder Vergessensfähigkeit.

Es war ein unbeliebtes Fach, und Heubner ein schlechter Lehrer. Er sprach wie zu sich selbst, ging vor dem Auditorium hin und her. Während der Sommermonate hatte er meist sein Jackett ausgezogen, die Hose war schlecht gebügelt, sie wurde von breiten Hosenträgern gehalten. Seine Daumen lagen hinter diesen Trägern.

Er zog die Träger nach vorn und ließ sie laufend auf die Brust klatschen.

Was er sagte, war hohe Wissenschaft, notwendig für den Arztberuf, aber sehr lästig, und schlecht vorstellbar und erinnerungsfähig.

Der Lehrstuhlinhaber für Pathologie war der bekannte Prof. Rößle, ein eher zierlicher Mann mit feinem Gesicht. Würde man ihm gesellschaftlich begegnet sein, hätte man nie geglaubt, daß er ein Pathologe war. Seine Sprache war sehr überlegt, perfekt in der Formulierung, so daß man das Vorlesungskonzept gleich in die Druckpresse hätte geben können.

Eine kleine Geschichte ist mir in Erinnerung.

Er besprach die Entstehung der Endocarditis und erwähnte folgenden Tierversuch: Wenn man einem Kaninchen Bakterien in die Ohrvene einspritzt, würden diese durch das Immunsystem vernichtet werden. Alle Lebewesen sind laufend dem Angriff von Fremdkeimen ausgesetzt, aber die wohlorganisierte körpereigene Abwehr würde diesen Angriff ohne Krankheit überwinden. Wenn man jetzt aber eine Verletzung z.B. der Herzinnenhaut bei dem Kaninchen setzen würde - hier rief ich dazwischen: „Dann ist das eine große Gemeinheit" - die Studenten lachten und Rößle unterbrach seinen Vortrag, fragte Prof. Linzbach, seinen Assistenten: „Was ist, habe ich etwas Falsches gesagt"?

Linzbach hatte meinen Zwischenruf auch nicht verstanden. Nun, die Vorlesung ging weiter.

Rößle erhielt für seine Verdienste den Nationalpreis der DDR.

Durch meine Tätigkeit auf der Infektionsstation der I. medizinischen Klinik mit den bedauerlichen und zahlreichen Toten und in der folgenden Zeit habe ich viele Sektionen gesehen und Erfahrungen sammeln können.

Über Prof. Sauerbruch habe ich ausführlich berichtet, der 2. bekannte Chirurg war Prof. Erwin Gohrbandt. Er mußte mehr im Hintergrund bleiben, denn er hatte ein NSDAP-Parteibuch und soll auch aktiv gewesen sein.
Als Chirurg war er jedoch ein guter Arzt, der vorzüglich und schnell operierte. Er hatte in der Klinik eine strenge Disziplin, konnte schon morgens um 6:00 Uhr zur Kontrolle erscheinen.
Bei der Premiere seines Mammaplastikfilmes in der Monbijoustraße im Hörsaal der dortigen Frauenklinik war ich anwesend.
Nach ein paar einführenden Worten sagte er, eitel, wie er war: „Meine Damen und Herren, ich möchte vor Anlaufen des Filmes folgendes bemerken: 'Ich operiere natürlich schneller als der Film es zeigt!'
Der Applaus war entsprechend.

Der Lehrstuhl für Augenheilkunde hatte Prof. Löhlein inne. Er war ein feiner, älterer, hagerer Herr. Seine Assistenten berichteten, daß er einen Tremor hatte, und sie würden bei jeder Operation den Atem anhalten, wenn seine zitternde Hand in die unmittelbare Nähe des Auges kam.
Dann sahen sie seine außerordentliche Anspannung, und im entscheidenden Augenblick des Schnittes war die Hand ganz ruhig. Jede Operation brachte aufregende Minuten für alle Beteiligten. Bei einer derartigen Schilderung ist man selbst fast dabei. Wir mußten mehrere Kurse absolvieren, um den Augenhintergrund beurteilen zu können. Man kann auch hieraus auf die Durchblutung des Gehirns Schlüsse ziehen, so daß eine ausreichende Kenntnis für den Internisten Bedeutung hat.

Der 3. Lehrstuhl für Innere Medizin - Naturheilverfahren (NHV) - war durch Prof. Paul Vogler besetzt. Er war ein Pionier auf diesem Gebiet. Er bemühte sich mit wissenschaftlichen Methoden, die Wirksamkeit dieser Verfahren zu beweisen. Er war fernab der weltanschaulich, sektierischen Enge, die per se bestand, in die er aber auch durch die Ablehnung durch die universitäre Schule gedrängt wurde.
Sein Oberarzt Prof. Paetzold hörte ich vorzugsweise, er vertrat die gleiche ganzheitliche, humanitäre Einstellung. Die Vorlesungen waren gut besucht. Die jungen Mediziner interessierten sich schon damals für die NHV.
Nun war ich aber in der weitgehend schulmedizinisch ausgerichteten Klinik bei Prof. Brugsch ein ständiges „Anhängsel" als Dauerfamulus. Aber wie schon berichtet, hatte Prof. Brugsch auch eine offene Einstellung. Ab 1947 hatte ich in der Poliklinik meine eigene Kabine und war durch diese Tätigkeit schulmedizinisch auf dem neusten Stand.

Prof. Paetzold sprach mich in den Vorlesungen mehrmals an und bat mich um einen Kommentar zum Thema. So entwickelte sich ein fruchtbarer Austausch, der den Studenten gefiel.

Paetzold ist später in den Westteil Berlins gegangen. Er mußte sich umhabilitieren. Da es dort als Lehrfach keine Naturheilverfahren gab. schwenkte er zur Schulmedizin um. Interessanterweise bin ich nach meiner Facharztanerkennung als Oberarzt in das Krankenhaus am Kreuzberg für natürliche Heilweisen gegangen. Möglicherweise hatte Paetzold seinen Anteil daran. Leider ist dieses Krankenhaus im Rahmen der Bettenplanung gestrichen worden.

Es erfuhr eine „Auferstehung" im Krankenhaus Moabit in einer etwas anderen Form.

Alles ist vergänglich, nur die Erinnerung nicht.

18. NOCH EINMAL THEODOR BRUGSCH

An dieser Entwicklung vom Internisten zum Arzt für Naturheilverfahren ist gewiß auch der schon mehrfach erwähnte Prof. Theodor Brugsch beteiligt, da er nicht monoman an strengen schulmedizinischen Dogmen festhielt, sondern offen für jede erfolgreiche Therapie gewesen ist.
Da ich von 1945 - 1949 in seiner Klinik tätig war, habe ich ihn besser kennen und schätzen gelernt, als alle anderen Lehrer, außer Prof. Sauerbruch. Brugsch war ein interessanter, faszinierender Mann mit einem Kopf, der eine Kopie desjenigen vom alten Fritz hätte sein können.

Abb.17

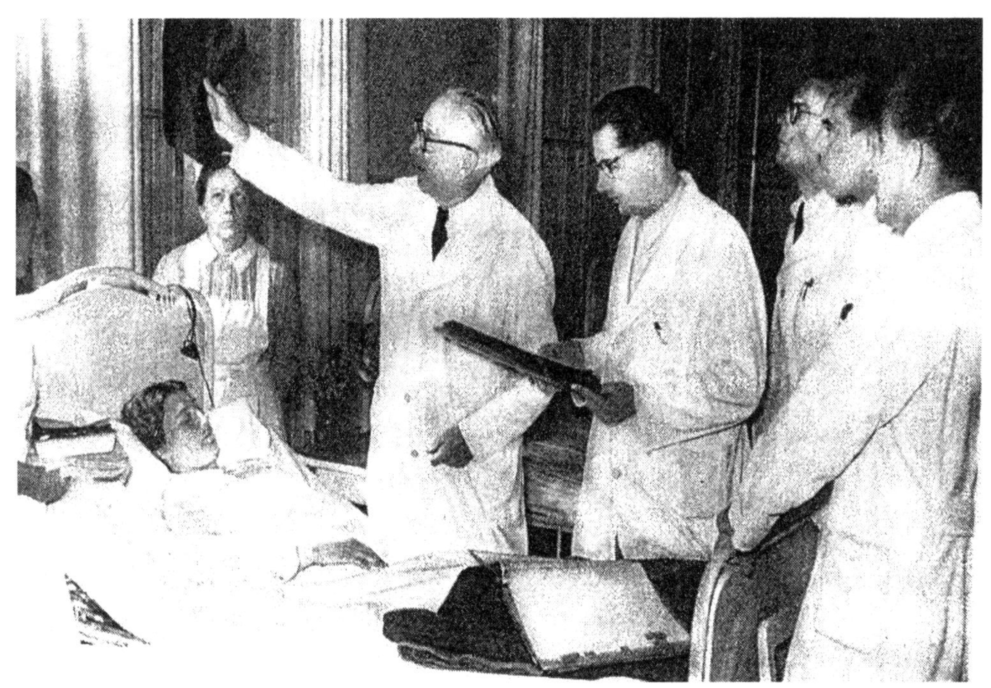

Der Autor überreicht Prof. Brugsch Röntgenbilde

Er beherrschte mehrere Sprachen. Zu seiner Person möchte ich einige Daten nennen: 1878 geboren - etwa so alt wie sein Freund Sauerbruch - als Sohn des bekannten Ägyptologen „Pascha-Brugsch"! Man muß ihn als Universalgenie mit außerordentlicher Bildung bezeichnen.

Durch seinen Vater und dessen großen Bekannten- und Freundeskreis hatte er Kontakt zu Wissenschaftlern, Künstlern, Schriftstellern und Politikern, so z.B. zu Albert Einstein, Stresemann u.a. Unter ihnen hatte er eine große Klientel und war im Laufe der Zeit mit vielen befreundet.

Er hat ohne Ansehen von Nationalität und Rasse auch viele Juden bis weit in die dreißiger Jahre behandelt.

In den Arztbesprechungen, den Vorlesungen, flocht er immer wieder Erinnerungsbruchstücke ein. Er hat gern aus dem reichen Schatz der Erfahrungen geplaudert. So ist er ab und zu in den Hauptvorlesungen durch irgendeine Assoziation vom Thema abgewichen.

Ein besonderes Bonmot bezüglich der Honorargestaltung ist erwähnenswert: „Wenn der Patient zahlen soll, gibt es 2 Arztcharaktere, auch abhängig vom Alter: Der eine wird rot, wenn er das Honorar erhält und der zweite sieht rot, wenn er es nicht erhält".

Für uns war das noch interessanter als für die Studenten, da wir die Zusammenhänge oftmals kannten. So erfuhren wir im kleinen Kreis auch einiges über seine Familie und seine berufliche Laufbahn. Er war mit einer Halbjüdin in erster Ehe verheiratet, aus der 3 Söhne, alles bekannte Mediziner hervorgingen.

Der erste hatte eine Oberarztstelle, Prof. Joachim Br. in unserer, der 1.medizinischen Klinik. Er qualifizierte sich in der Porphyrinforschung.

Eine Besonderheit sei erwähnt, wenn er perkutierte, klingelten stets seine Ringe am Ringfinger. Er übernahm später die Chefarztstelle am Krankenhaus am Friedrichshain.

Sein Bruder Herbert, der Vater nannte ihn Bill, war Chefarzt der Kinderklinik im Krankenhaus Moabit.

Der 3. im Bunde befand sich als Professor für innere Medizin in einer Bostoner Klinik, Heinrich war sein Name.

Vater Theodor hat, um seine Frau zu schützen, seine Ehe 42 Jahre aufrecht erhalten, obwohl er einer Schweizerin, die er 1946 heiratete, verbunden war.

von ihr hatte er noch 2 Töchter.

Aber gehen wir noch einen Schritt zurück, um seine Laufbahn kurz kennen zulernen.

1903 wurde er in der II. medizinischen Klinik der Charité als Volontärassistent bei einem der größten Internisten: Prof. Friedrich Krauß angenommen. Später verband ihn eine innige Freundschaft mit

Krauß, der an der Entscheidung von Brugsch den wesentlichen Anteil hatte, daß er Internist wurde.

Prof. Umber zog ihn nach Hamburg-Altona, wo er seine ersten bedeutenden Arbeiten über die Funktion der Bauspeicheldrüse, der Galle, die Harnsäureauscheidung, die fettspaltenden Fermente und Stoffwechselfunktionen bei dem Hungerkünstler, der 30 Tage hungerte, schrieb.

1905 kehrte Brugsch in die II. medizinische Klinik zu Krauß zurück.

1909, mit 31 Jahren, hatte er den Professorentitel zuerkannt bekommen, und 1927 wurde er Direktor der medizinischen Universitätsklinik in Halle als Nachfolger des berühmten Franz Volhard.

1935 gab er wegen politischer, erheblicher Behinderung seine internationale wissenschaftliche Tätigkeit auf und kehrte nach Berlin zurück. Hier praktizierte er in seiner Privatklinik Augsburger Straße und behandelte viele Prominente aus allen Bereichen der gehobenen Gesellschaftskreise.

Nicht mehr durch die Universitätsverpflichtungen gebunden, konnte er zahlreiche deutsche und internationale Kongresse besuchen und vor allem seine bereits in Gedanken konzipierten Veröffentlichungen vorantreiben.

Sein Geist sprudelte nur!

Es ist kaum zu begreifen, wie ein Mensch über 300 wissenschaftliche Arbeiten, zahlreiche Lehrbücher und Beteiligungen, besonders mit Prof. Schittenhelm, in seinem Leben schreiben konnte.

Dieses Arbeitspotential vollbrachte er neben seinen zahlreichen ärztlichen und gesellschaftlichen Verpflichtungen.

In den seltenen Mußestunden malte er. Seine Liebe zu Hunden soll nicht unerwähnt bleiben.

Bei allem Temperament war er gerecht, menschlich und vielen Dingen gegenüber aufgeschlossen. Uns, seinen Mitarbeitern, war es ein Rätsel, wie er das alles zeitlich bewältigte.

Ich weiß, wie lange es dauert, auch nur eine Arbeit zu schreiben.

Hervorheben möchte ich sein „Lehrbuch der inneren Medizin", welches, pathologisch-physiologisch in Diagnostik und Therapie aus einer Hand - seiner Hand - in der außerordentlichen Komplexizität nur ein genialer Kopf, wie er es war, schaffen konnte. Im Vorwort zu dem 2. großen Werk schreibt er:

„Am 22.11.1943 und auch am 20.02.1944 wäre das Manuskript durch Kriegsereignisse beinahe verloren gegangen. Beide Male habe ich es jedoch mit Mühe retten können. Diese Rettung kostet mich das 2. Mal beinahe das Leben". Weiter schreibt er dann: „Die Diagnosen (wie sie damals, z.T. auch heute aus dem Nichtwissen geprägt wurden) wie

Myocardschaden, Coronarinsuffizienz oder anoxybiotische Myocarddegeneration sind reine Erfindungen".

Das klinisch erworbene Wissen und die Erkenntnisse aus der Fülle langjähriger, klinischer Beobachtungen am Krankenbett und in der Sprechstunde mit der entsprechenden Diagnostik sind das Fundament seiner Bücher.

Sein besonderes Kennzeichen war: Als großer Theoretiker war er im Grunde seines Herzens ein verständnisvoller Praktiker, und kein medizinischer Technokrat.

Nicht umsonst erscheinen in den Zeitschriften Artikel etwa wie: „Macht das Krankenhaus menschlicher". Die meisten Menschen haben eine Urangst vor der Übertechnik, vor den möglichen, schädlichen Nebenwirkungen. Es wird oft nicht die Zeit geopfert, den Patienten verständlich die Notwendigkeit der Maßnahmen zu erklären.

Unter Lebensgefahr hat Brugsch das Manuskript retten können, aber seine über Jahrzehnte gesammelte kostbare Bibliothek wurde bei einem Bombenangriff ein Raub der Flammen.

Da er sehr weltoffen, wie schon bemerkt, gewesen ist, machte er keine Unterschiede bei der Krankenbehandlung. So kamen auch politisch „unzuverlässige" Patienten zu ihm. Er wurde in Verbindung mit dem 20. Juli 1944 und der Verfolgung der Beteiligten mehrfach verhört, jedoch stets freigesprochen, da man ihm eine direkte Mittäterschaft nicht nachweisen konnte.

19. NACH DEM KRIEGSENDE

Der Krieg war mit allen Konsequenzen einer totalen Kapitulation und großer Zerstörung beendet.

Prof. Brugsch übernahm nach 20 Jahren Abwesenheit im Sommer 1945 die Leitung der I. medizinischen Klinik der Charité.

Abb.18

1. Medizinische Klinik

Ihm zur Seite standen bewährte Oberärzte und Mediziner und entsprechendes Personal.
Über die erste Zeit seiner Tätigkeit betreffs der Seuchenphase habe ich berichtet, über sein Ärzteteam soll noch einiges ergänzt werden.
Prof. Joachim Brugsch und Dr. med. habil. J.A. Schneider wähnte ich bereits.
Prof. Seitz, ein liebenswürdiger, stiller Mann leitete die Poliklinik. Er ging später nach München.
Dann stand Prof. Trautmann, ein Blutspezialist zur Verfügung. Ihn betreffend hatten wir ein humorvolles Erlebnis. Er war der Sohn eines

hohen Diplomaten in China und entsprechend formvollendet sowohl im „Benimm", als auch am Mittagstisch, wo wir an einer runden Tafel gemeinsam unser tägliches Mal einnahmen. Oft gab es Hafersuppen, sie enthielten schlecht gereinigtes Getreide, Die Spelzen kauten wir aus, sie zierten unseren Tellerrand.

Einmal gab es zu unserer Freude ein gekochtes Ei. Prof. Trautmann meinte: „Ich werde Ihnen zeigen, wie man vornehm ein Ei ißt"! Er nahm es längs in seine Hand, dann das Messer in die andere und versucht mit einem gezielten Hieb, das Ei in der Mitte zu spalten, um es dann, ohne es schälen zu müssen, mit dem Löffel essen zu können.

Er schlug zu, spaltete es kunstgerecht. Das Ei war wohl etwas zu weich, das Gelbei spritzte heraus und ihm auf die Krawatte. Wir lachten herzlich und sagten: „Das war echt vornehm".

Der nächste Mitarbeiter war Prof. Felix Schenetten, ein liebenswürdiger Mann, ein Herz- und EKG-Fachmann. Er ist elend im Rahmen einer schweren Zuckerkrankheit nach Beinamputation in Westberlin gestorben. Seine Schwester Marga, Ärztin, entzückte uns durch ihren reizenden Anblick und nettes Wesen. Sie heiratete nach Luxemburg, entschwand unserem Blickfeld.

Dann wäre Frau Dr. später Prof. Falck zu erwähnen. Sie hat sich der Altersforschung gewidmet und ab den 60 er Jahren eine Hospitalklinik in Westberlin geleitet.

Dr. v. Elstermann, ein starker Mann, ein guter Schwimmer, der glatt 50 m tauchen konnte, hatte auch eine starke Stimme. In der Poliklinik befand sich Kabine neben Kabine, nur durch dünne Wände getrennt. Seine Beratungen konnte man noch in der 3. Kabine hören. Seine Frau war ruhig.

Das Team ergänzten der Bakteriologe Dr. Ballowitz, Dr. Ewers und Dr. Heß, der später dazukam.

Dr. Heß ca. 1,90 cm groß, schlank, mit knarrender Stimme. Man könnte sich ihn als Herrn Oberst, Generaldirektor oder Gutsherr mit Monokel gut vorstellen. Auch ihn zog es in den Westen, wo er in Wannsee eine gutgehende Praxis betrieb.

Als letzte Assistentin ist Frau Dr. Redslob, Gattin des Psychiaters und Neurologen Prof. Redslob, zu nennen. Sie war eine vornehme Frau mit gepflegter Sprache, die nicht so ganz unserer derben Soldatensprache entsprach. Wir bekamen des öfteren strenge Blicke. Sie verkehrte in gehobenen Kreisen, so kannte sie z.B. Furtwängler persönlich gut. Als Furtwängler, es mag im Mai gewesen sein, ein Beethovenkonzert gegeben hatte, traf ich danach zufällig Frau Dr.

Redslob und sagte zu ihr, er hätte fast überirdisch dirigiert, als ob er mit einem Bein nicht mehr auf der Erde wäre.

Im Spätsommer sagte sie mir ganz aufgeregt: „Sie haben es vorhergesagt"! „Ja, was habe ich gesagt"? „Dass Furtwängler wie überirdisch dirigiert hätte, er ist gestorben"! Die Musikwelt hat mit ihm einen der größten Dirigenten verloren!

Mit seinem ausgewählten Stamm an ärztlichen Mitarbeitern zog die „weiße Wolke" unter der Leitung von Prof. Brugsch 1 x wöchentlich über die Stationen der Klinik, deren Hauptgebäude zum Glück in der baulichen Substanz erhalten geblieben sind.

Bei diesen Chefvisiten erhielten wir stets eine Reihe sehr interessanter Anregungen und Belehrungen. Ich hatte die meisten Visiten mitstenographiert, bedauerlicherweise sind viele der Aufzeichnungen verloren gegangen. Einige kann ich jedoch vermitteln, auch aus der Erinnerung.

Sie dienten mir recht gut im Laufe meiner eigenen Praxistätigkeit.

Brugsch gab häufig allgemein gültige Hinweise, die seiner ehrlichen humanistischen Einstellung entsprach. Er sprach z.B. von dem klugen Arzt, der seine Sinnesorgane benutzen sollte, also mit den Augen sehen, mit den Ohren hören, mit dem Tastsinn fühlen und mit der Nase riechen. Der Mensch solle erst denken, ehe er spricht, denn die Zunge könne Segen spenden und Schaden anrichten, ja Welten verändern.

Durch die Anamnese und seine Sinne käme man oft zur richtigen Diagnose, Intuition und Erfahrung würden dabei eine wesentliche Hilfe sein.

Brugsch liebte gut aussehende Frauen; so meinte er, eine Inderin des Volkes hätte mehr Grazie in ihren täglichen Bewegungen als eine Tänzerin des Moulin Rouge in Paris.

An dieser Schilderung erkennt man, dass Brugsch die Reize und Vorzüge schöner Frauen zu schätzen wusste.

So erwähnte er Blickpunkte, die in einem Mann Begehrlichkeit aufkommen ließen. Er meinte, es wären u.a. die Beine. Es gäbe drei Formen: als erstes die eines "Weckglases". Sie wären nicht so verlockend, und sie wiesen auf einen genetischen Fehler hin oder auf verschiedene Erkrankungen, die er dann kurz abhandelte.

Als nächstes nannte er die "Sektflaschen" gemäßen. Das wären die Beine von Sportlerinnen, für ihn noch nicht das Ideal.

Mit einem besonderen Lächeln erwähnte er die "Moselflaschenwaden". Sie seien wohlanzuschauen und für einen echten Liebhaber verlockend.

Aber auch der Moselwein wäre recht bekömmlich. Nun folgte ein Exkurs über die Qualität und die Vielfältigkeit der einzelnen Weinsorten.
So fabulierte der große Mediziner und Mann von Welt über allerlei Themen.
Die Chefarztbesprechungen waren stets interessant und abwechslungsreich.

Eine Schilddrüsenüberfunktion wäre relativ gut mit 2 kleinen Tests festzustellen. Die Pulszahl addiert mit der Blutdruckdifferenz zwischen dem systolischen und diastolischen Druck, dürfe 120 nicht übersteigen. Z.B. 120/80 = 40 + 70 Puls: normal. Dazu der klinische Eindruck: Fingertremor, Glanzauge, Lebhaftigkeit, leichtes Schwitzen, Unduldsamkeit sprechen für Überfunktion. Die Erfahrung hat einen hohen Stellenwert in der ärztlichen Praxis.

Über die Schilddrüse gibt es noch eine nette Geschichte zu erzählen.
Brugsch über junge Mädchen : die Liebe wäre eine schöne, aber gefährliche Kraft.
Die weise Mume Großmutter sieht die Enkelin nicht täglich, sodass ihr Änderungen eher auffallen als der Mutter. Eines Tages bemerkt sie eine Schwellung des Halses bei ihrer Enkelin. Sie pricht die Mutter an und meint: "Das
'Kröppele' bei Deinem Töchterchen ist dicker geworden. Hat sie einen Freund, ist sie verliebt? Paß nur auf, dass nicht in absehbarer Zeit das Bäuchlein dicker wird!" Die erste Liebe wäre in das Hormonsystem stark eingreifend, und gerade die Schilddrüse spräche auf psychische Ereignisse besonders an.

Brugsch liebte keine Zahn- und andere Herde. Er sagte dazu: „Herde nagen die Gelenke und fressen das Herz!" Die moderne Erkenntnis bestätigt das sinngemäß. Prof. Erdmann schreibt: „Man findet, daß spezielle Prozesse im Herzmuskel ablaufen, die man mit den Worten „Apoptose und Fibrose umschreibt", und später weiter, daß permanente Entzündungen im Herzmuskel ablaufen (und durch Herde ausgelöst und aufrecht erhalten werden); nun wird verständlich, was die Rhythmologen früher z.B. mit Mikro-Reetry-Kreisen beschrieben haben"!
Intuitiv hat Brugsch ohne die hervorragenden heutigen Techniken eine richtige Vision formuliert.

Ein Hinweis zum Normalgewicht: Der Mensch solle das Bauchfett zwischen 2 Finger nehmen, es darf neben dem Bauchnabel nicht mehr als 4 cm betragen, das wäre optimal. Weniger wäre nicht empfehlenswert, denn die Bauchorgane müssen ausreichend Wärmeschutz haben.

Volksmedizinische Therapien hat er gern eingesetzt. So gab es bei der Lungenentzündung den Brustwickel, bei Fieber den Wadenwickel. Er war nicht auf eine spezielle Behandlung fixiert.
Einmal meinte er, wenn ein Arzt einen Kniegelenkerguß mit Eis, ein anderer mit heißen Packungen, ein dritter mit Einreibungen oder Injektionen, ein vierter jedoch mit Kuhmistpackungen erfolgreicher behandelte als die anderen, dann wäre er der bessere Arzt.

Es sei von wesentlicher Bedeutung, stets die führende Grundursache eines Leidens zu finden und nicht die Begleitsymptome in den Vordergrund zu stellen.
Man solle nicht diese Symptomatik behandeln, dann würde man evtl. keine kausale Therapie machen können.

Er meinte auch, die Diagnostik dürfe nicht zum Selbstzweck werden, sondern sie müßte streng der Therapie dienen. Das habe ich nie vergessen. Denn eine „Überdiagnostik" könnte mehr schaden als die Krankheit.
Zur Diagnosenstellung der Syphilis im fortgeschrittenen Stadium ließ Brugsch den betreffenden Patienten, den er verdächtigte, das lange Zungenbrechwort „reitende Kavalleriebrigade" vorsprechen. Und einmal hat er sich bei der Forderung, es nachsprechen zu lassen, selbst so verheddert, daß er es erst beim 3. Mal, aber nun wütend und laut richtig herausbekam. Der Patient war verschreckt, denn er wußte nicht, worum es ging. Brugsch war das sehr peinlich, und wir - „die weiße Wolke" - zeigten unser Vergnügen nicht offen.

Ein ander Mal erzählte er, Asthma wäre in den ägyptischen Oasen sehr gut zu heilen. Der Patient müsse sich aber ca. ½ Jahr dort aufhalten. Das könnten sich nur „betuchte" Menschen leisten. Nun. er hätte eine diesbezügliche Empfehlung gegeben. Der Patient kam etwas vorzeitig zurück, das Asthma wäre geheilt, aber er hätte sich eine schwere Amöbenruhr zugezogen. So kann's gehen!
Eine eingreifende Asthmabehandlung war damals auch die sogen. 'Liquorpumpe', d.h. es wurde Rückenmarkflüssigkeit im Bereich der Lendenwirbelsäule mit einer 10 ccm Spritze herausgesaugt und wieder eingespritzt. Rein und raus, rein und raus bis die helle Flüssigkeit blutig wurde. Damit sollte der Asthmaanfall gestoppt werden. Ab und zu gelang das sogar.
Cortison und ähnlich wirksame Medikamente gab es nicht. Nun, der berühmte Prof. I.H.Schulz, der Erfinder des autogenen Trainings sagte

zu dieser fast brutalen Asthmabehandlung: "wenn ein Patient das einmal erlebt hat, wird er es sich sehr überlegen, ob er nochmals einen Anfall wagt".

Brugsch's Erfahrungen waren recht wertvoll, und seine Kunst des Erzählens erfrischend, beeindruckend. So erzählte er von der schweren Grippeepedemie 1918/1919 nach dem ersten Weltkrieg. Sie übertraf bei weitem, was er im Krieg erlebt hätte, auch die Nachkriegsseuchen des letzten Krieges. Von einem zum anderen Tag wären die Straßen Berlins leer gewesen. Bald darauf fuhren nur noch Leichenwagen durch die Stadt. Sie hätten die Tausenden von Toten kaum bewältigen können, und die Beerdigungsinstitute wären nicht in der Lage gewesen, den Anforderungen gerecht zu werden. Die wenigen Menschen, die sich auf die Straße wagten, hätten einen Mund-Nase-Schutz getragen.

Bei einer Hauptvorlesung ist folgendes passiert: Es gab einen linken und einen rechten Zugang zum Auditorium. Es war verabredet, Patient 1 links herein und Patient 2 rechts herein. Nun wurden die Patienten verwechselt. Der erste hatte eine beginnende Gelbsucht, die nicht offensichtlich war, und der 2. einen beginnenden Rheumatismus. Also Brugsch glaubte, der Leberpatient wäre der Rheumatiker, und er nahm die Vorgeschichte auf, sie wäre schon die ¾ Diagnose.

„Sie haben Schmerzen"? „Ja". „Wo? „Im   Leib". „Nicht an den Gelenken"? „Etwas"! „Fieber"? „Eigentlich nicht", (der entzündliche Rheumatismus hat meist etwas Temperatur).

„Was haben Sie noch für Beschwerden"?

„Mir ist oft schlecht, ich habe keinen Appetit"! Nun wurde es schwierig, Brugsch ließ sich die Gelenke zeigen. Es zeigte sich keine Entzündung.

Der Vorlesungsassistent versuchte Brugsch 2-3 x anzusprechen, ihm die Patientenverwechslung mitzuteilen, aber er ließ sich in seinem Vortrag nicht gern stören, er wurde unwirsch. Sein Konzept war durcheinander geraten.

Nun an den Gelenken zeigte sich nichts, und Brugsch kam langsam selbst auf die Möglichkeit des Vertauschens der Patienten. Er zog sich elegant aus der Schlinge: Man könne zu Beginn beider Erkrankungen, auch derjenigen, die er nun vorstellen werde, Gelenkschmerzen und andere Beschwerden haben. Die weiteren Tests würden die Diagnose erhärten.

Brugsch war verständlicherweise nach dem Kolleg recht ungehalten, ganz schuldlos war er nicht, denn er hätte den Assistenten anhören sollen.

Er sprach auch über Alkoholmißbrauch, obwohl er ein gutes Glas Wein sehr schätzte. So erzählte er: Wenn ein junger Man einem anderen sein Mädchen wegnahm und heiraten wollte, dann soll der Enttäuschte dem Bräutigam eine Kiste mit sehr gutem Sekt schenken. Würde er auch zur Hochzeit geladen sein, müsse er den Bräutigam laufend zum Trinken animieren mit dem Erfolg, daß der nun Ehemann in der Hochzeitsnacht impotent wäre.

Nun, da heute kaum ein junger Mensch unberührt in die Ehe geht, ist das kein Thema mehr. Es ist nur die Frage, ob die „Sexualsport" treibenden Halbwüchsigen später eine glückliche, liebevolle Ehe führen und treu bleiben werden. Die Scheidungs- und Trennungszahlen sprechen dagegen.

Eine weitere Erfahrung, die Brugsch mitteilte, will ich nicht vorenthalten. Bei dem Thema Bluthochdruck sprach er von der bekannten Schlaganfallgefahr.

Die Patienten hätten gewisse Vorerscheinungen, sie sind meist auch „vollblütig".

So könne man durch Ansetzen von jeweils rechts und links im Nacken 2-3 Blutegeln einen Schlaganfall verhindern. Das stimmt wirklich!

Ein kräftiges Nasenbluten würde ebenfalls diese Katastrophe verhindern. Er nannte es: Eine Rettung aus der „goldenen Ader".

In seiner Weisheit wußte er manch ein psycho-somatisches Krankheitsbild zu schildern.

Der Sohn eines Unternehmers - das gab es schon bald nach dem Kriege wieder - hatte ein nicht exakt diagnostizierbares Oberbauchsyndrom. Es mag möglicherweise eine chronische Hepatitis gewesen sein. Hypochondrium betrifft die Oberbauchregion. Man ist versucht, derartige Kranke als Hypochonder zu bezeichnen, welche eben unklare, diffuse, nicht sicher feststellbare Beschwerden haben. Die Persönlichkeitsstruktur eines derartigen Menschen ist gekennzeichnet durch eine zwanghafte Unsicherheit. Nun, dieser junge Mann hatte einen in der Nachkriegszeit sehr engagierten Vater, der in der Aufbauzeit für den Sohn außer kurzen, manchmal harten Anweisungen keine Zeit hatte. Der Sohn konnte keine eigene Persönlichkeit entwickeln. Diese Zusammenhänge erkennend, da eine monatelange Therapie erfolglos geblieben war, empfahl Brugsch eine Weltreise per Schiff zu machen, damit beide sich näher kommen könnten und der Sohn den Vater nicht mehr als „Übermenschen", sondern als einen normalen, liebenswürdigen Vater erlebte.

Der Vater konnte eine Vertretung ermöglichen, und beide zogen in die Welt hinaus.

Nach 2 Monaten kamen sie braungebrannt nach Hause. Der Sohn war glücklich, konnte alle Speisen, die zuvor unverträglich ängstlich gemieden wurden, essen. Er ist selbstbewußter geworden.

Es war immer wieder interessant, die Ausführungen von Brugsch zu verfolgen, da er alles recht lebhaft und verständlich schilderte.

Ein Arzt muß auch schauspielerisches Talent besitzen. Das hatte Brugsch, er verkehrte in diesen Kreisen, und sie gehörten zu seinem Klientel.
So demonstrierte er manchmal Krankheiten, wie z.B. die parkinsonsche.
Er zeigte das Pillendrehen zwischen den ersten 3 Fingern, wie die zitternde Hand von der anderen gehalten wurde, damit nicht die Suppe oder der Kaffee verkleckert wurde, wie der Patient mehrere Anläufe macht, vom Stuhl aufzustehen, und dann - fast wie eine Gottesanbeterin -ruckartig versucht zu laufen, und erst einmal in Gang gekommen, vorwärts saust - mit kleinen Schritten -, und sich dann schwer bremsen kann.
Dazu versuchte Brugsch ein Maskengesicht zu machen, dem jede Gesichtsmimik fehlt.
Das war gelungen; wir haben es bewundert, uns aber auch amüsiert, auch wenn es in der Realität einen unglücklichen Kranken betraf.

Auch ohne den „großen Meister" lief die Klinikarbeit. Da passierten so allerlei, auch lustige Dinge. 2 Ärzte unterhielten sich am Bett eines Magenulcuspatienten, über die wahrscheinliche Psychogenese dieses Leidens, aber in lateinischer Sprache. Es war ein kümmerliches Radebrechen. Der Patient lächelte stillvergnügt vor sich hin. Einer der Ärzte ärgerte sich darüber und fuhr den Patienten an: „Wir zerbrechen uns den Kopf, wie wir Ihnen helfen können, und Sie grinsen".
Die Antwort war für die Ärzte etwas peinlich: „Als Lateinlehrer amüsiere ich mich köstlich über Ihre vorzügliche Lateindisputation".
Das war's denn!

Eines Tages kam ich an einem Zimmer vorbei, die Außenlampe leuchtete, ich ging hinein, um zu fragen, wer etwas wolle. Ein altes Omchen sagte verschämt: „Ich muß mal". Also nehme ich die Bettpfanne, um sie ihr unter zuschieben.
„Nein, nein, das geht nicht, der Stöpsel muß erst raus, den mir die Schwester vorhin reingesteckt hat, damit ich nicht in's Bett mache".
Es war ein Kopfschmerzzäpfchen.

Die 2. Zäpfchengeschichte geschah so: Die Schwester gab einer Patientin mit den Medikamenten ein Zäpfchen, das der Arzt verordnet hatte. Bei der Visite wurde sie gefragt, wie es geholfen hätte?
„Ganz gut", sagte die Frau, „aber es war so klebrig, daß ich große Mühe hatte, es aus den Zähnen heraus zu bekommen".
Ein ander Mal habe ich bei einer Frau den Darm mit einem starren Rektoskop, bei dem sich an der Spitze des Rohres eine kleine Glühbirne befindet, gespiegelt. Der Darm war zwar gespült, aber nicht ausreichend trocken. Ich schaue hinein und rufe aus: „Da läuft mir doch die Schiete auf die Birne, ich kann nichts sehen". Die Frau ruft schnell: „Dann nehmen Sie doch den Kopf weg, Herr Doktor"!
Dies und andere kleine Erlebnisse lockerten den klinischen Alltag auf.

Ohne eine gute Sekretärin geht nichts in einer Klinik. Eine der beiden hieß Fräulein Bender. Sie war fast so groß wie Dr. Heß, schlank, still, ernst, nicht sehr schön, von mildem Wesen.
Sie tat bis zum 30.04. brav ihren Dienst.
Am 02.05. fehlte sie. Wir fragten wieso? Dann hörten wir, daß sie am 01.05. ein gesundes Kind entbunden hätte. Wir konnten es nicht fassen. Die vielen Ärzte, die sie täglich sahen, haben es nicht bemerkt. Alle fragten sich, wo sie dieses Kind versteckt hatte. Sie muß wohl sehr wenig Fruchtwasser gehabt haben.

Die Poliklinikvorlesungen von Prof. Brugsch zeigten in Konzentration seine Erfahrung und sein Wissen. Sie konnte man als lehrbuchreif bezeichnen. Wir haben neben Visiten am Krankenbett von diesen Vorlesungen für unsere Polikliniktätigkeit und für die spätere Praxis viel profitiert. Meine eigene Tätigkeit erwähnte ich bereits. Oberarzt Prof. Seitz schrieb in mein Zertifikat: „Alle seine Stationsärzte schätzten seine Tüchtigkeit so hoch ein, daß sie ihn wie einen vollausgebildeten Kollegen betrachteten".
Und das war mein Verhängnis!

Denn eines Tages - etwa 14 Tage vor der Währungsreform - im Jahre 1948 kam ein äußerst nervöser Arzt aus Zeuthen bei Berlin in unsere Klinik. Er hätte schon viele Jahre keinen Urlaub machen können und wäre am Ende seiner Kraft angelangt. Er suchte dringend einen Vertreter für wenigstens 14 Tage. Wenn ich das Datum der Währungsreform gekannt hätte, würde ich mich auf dieses Ansinnen, das an mich herangetragen wurde, nicht eingelassen haben.
Da die Stationen nicht ausreichend mit Ärzten besetzt waren, kam also von ihnen niemand in Frage. Alle redeten mir zu, sie wären nicht abkömmlich, ich solle es doch machen. Ich wand mich wie ein getretener Wurm, da ich noch nicht approbiert wäre und gerade das 8.

Semester absolviert hätte. Sie sagten. „Sie schaffen das, Sie arbeiten doch schon über 1 Jahr in der Poliklinik". „Ja, aber unter Ihrem Schutz und mit Ihrer Beratung"!

Also, ich ließ mich „breitschlagen" und fuhr los. Der Landarzt begrüßte mich freudig, ebenso seine Frau. Gegenüber der Klinik war die Ausrüstung primitiv: Kein EKG, kein Röntgen, kein Labor, allenfalls eine Urinuntersuchung hätte ich machen können. Es gab kein zurück mehr. Am nächsten Morgen war die Sprechstunde voll. Ich mußte vor Aufregung alle Stunde auf Toilette. Die Arztfrau fragte mich, ob ich eine Blasenentzündung hätte. Der Arzt selbst war zur Erholung fortgefahren. Ich war aufgeregt. Zur Charité gab es keine telefonische Verbindung, aber ich hatte das vorzügliche Buch: 'Die Therapie an den Berliner Universitätskliniken' mitgenommen. Daraus schrieb ich allerlei Rezepte. Der Apotheker sagte wiederholt den Patienten: Da hat der Doktor einen sehr guten Vertreter, seine Rezepte sind ausgezeichnet. Das sprach sich herum, und die Praxis war stets voll; sehr glücklich war ich nicht darüber, aber doch ein wenig stolz. Und ich wurde sicherer, die Blase beruhigte sich.

Natürlich mußten auch Hausbesuche gemacht werden, aber nicht mit einem Auto, nein mit einem alten Fahrrad.

Ein Großbauer hatte eine schwere Lungenentzündung. Was nun? Antibiotika gab es nicht, nur Eleudron, ein Sufonamid. Das verordnete ich ihm. Dann erinnerte ich mich an meinen Lehrmeister Prof. Brugsch. Also ließ ich ihm Senfmehl- und Prießnitzwickel anlegen, Wadenwickel machen, empfahl Nahrungsreduzierung, frische Luft usw. Der vitale Mann genas relativ schnell. Der „nahrhafte Lohn", den er mir auf dem Höhepunkt seiner Erkrankung zugesagt hatte, wurde vergessen.

In Zeuthen traf mich ein besonderes Unglück: Die Währungsreform! Sie kam am 23.06.1948, und ich besaß noch ca. 2.000,00 alte Mark. Mein Vater hätte das Geld über eine Mitgliedschaft bei der Akademie der Wissenschaft 1:1 und nicht, wie ich nach meiner Rückkehr, 1:10 umtauschen können. Mein Vater traf aber das gleiche Unglück, er war gerade auf einer Reise in die Westzonen, hatte einen so schweren Ischiasanfall, daß er nicht heimkehren konnte.

So sind uns an diesem Tag mehrere tausend Mark verloren gegangen, allerdings nur der schwachen Ostmark.

Es war der Tag der starken D-Mark, die das Ehrhard'sche Wirtschaftswunder in Gang brachte, das den wunderbaren Aufbau der Westzonen ermöglichte.

Und nun nach 50 Jahren mit dieser D-Mark stehen wir vor ihrer Opferung! Ob es uns Glück bringt?

Die 2 Wochen in Zeuthen waren schnell in voller Auslastung vorüber. Ich bekam ein kleines Honorar in neuen Ostscheinen, aber ich hatte einiges dazu gelernt.

In diesem Städtchen herrschte Ruhe, es gab praktisch keine Kriegsschäden, man sah nur ab und zu einen Sowjetsoldaten. Man konnte die Besatzung vergessen. Es war nach der schrecklichen Kriegszeit und der Unsicherheit in Berlin eine doch geruhsame Zeit. Wir hörten über zensierte Zeitungen, wenige Nachrichten, über große Politik, nur daß der Westen provokatorische Maßnahmen ergreifen würde. Die Folge war die am 24.06.1948 verhängte sowjetische Blockade der 3 Westsektoren. Der kalte Krieg drohte in einen heißen umzuschlagen. Die Welt blickte wieder nach Berlin!

20. DIE BLOCKADE BERLINS

Dorthin mußte ich nun zurückkehren mit sehr gemischten Gefühlen.

Die größte Provokation für die Sowjets war, dass die Westsektoren den Westprovinzen angegliedert worden sind.

Ein gewisses Glück bedeutete es für uns, die wir im Ostsektor wohnten und arbeiteten, daß wir nur mittelbar von der gefährlichen Verschärfung der politischen Lage betroffen waren. Wir bangten und fürchteten, daß alles eskalieren würde. Eine unbedachte Handlung eines vielleicht betrunkenen russischen Offiziers hätte einen, wenn auch nur lokalen Krieg auf unserem Rücken auslösen können.

Unser Denken und Fühlen, damit unser Arbeiten und Lernen, waren davon betroffen. Wir hörten alle, uns zur Verfügung stehenden, Nachrichten, auch über Telefon aus den Westsektoren und fragten uns, was würden die Westalliierten tun.

Mit dieser Blockade hatten die Russen die letzten Sympathien des deutschen Volkes, das den brutalen Eroberungsfeldzug im Begriff war zu verdrängen, auch das Vertrauen verloren, bei allem Verständnis für das ihnen im Krieg angetane Unrecht.

Mit dieser Maßnahme haben sie Vertragsverletzungen begangen und sind ihren eingegangenen Verpflichtungen nicht nachgekommen.

Das Gravierendste für sie war, dass die Westalliierten erkannt haben, dass die Sowjets ihre globalen Ziele schrittweise verfolgen würden, wenn ihnen nicht Einhalt geboten würde.

Mit Hitlerdeutschland hatten sie es eben erfahren:

Die Amerikaner hatten zunächst erwogen, mit einem Panzerkonvoi auf Straße und Schiene durchzustoßen, aber die Generalität riet davon ab, die russischen Landstreitkräfte wären zu übermächtig.

Allerdings hatten die USA noch das Atombombenmonopol! Man reagierte nun mit Drohgebärden wie der Verlegung einer Luftflotte von B 12 Bombern nach England und der Durchführung der legendären „Luftbrücke". Alle 48 Sekunden landete in Westberlin ein „Rosinenbomber". Diese Luftflotte brachte Lebensmittel, Industrieprodukte, Kohlen und alles, was eine Großstadt zum Überleben benötigte. Fertigwaren wurden ausgeflogen.

Das war eine Großtat außergewöhnlichen Ausmaßes, allein die Logistik bedurfte einer sehr exakten Führung.

Berlin wurde wieder einmal zur „Welthauptstadt", über der sich entscheiden würde, ob es einen 3. noch furchtbareren Weltkrieg geben würde.

Die Sowjets hatten wieder einmal eine Trumpfkarte gezogen, ob sie so stark stechen würde, dass der gegnerische Block in die Knie gehen würde, lag in erster Linie in amerikanischer Hand.

Die USA hatten sich in ein gefährliches „Spiel" eingelassen. Ein weiteres Nachgeben wäre einer politischen Niederlage gleichgekommen. Den Druck, der auf den führenden Politikern lastete, kann man nicht ermessen.

Abb.19

Abb.20

Ernst Reuter

Der allseits verehrte Berliner Oberbürgermeister Ernst Reuter rief den Berlinern zu, auf einer gewaltigen Kundgebung vor dem Schöneberger Rathaus: „Berliner haltet durch, es ist zwar kalt in Berlin, aber in Sibirien ist es viel kälter"!

„Ihr Völker der Welt! Ihr Völker Amerikas, Frankreichs und Italiens! Schaut auf diese Stadt und erkennt, daß Ihr diese Stadt und dieses Volk nicht preisgeben dürft, nicht preisgeben könnt"!
Völker der Welt - schaut auf Berlin und das Volk von Berlin". Er rief es beschwörend den Menschen der Welt zu.

Arno Scholz schrieb in der damaligen Zeit:
„Über der Resignation liegt ein Hauch des Todes. Hoffnung ist Lebenselexir, sie öffnet die Pforten zur Freude, auch wenn es Freude über die kleinsten Dinge ist. Diese Resignation hatte keine Macht über die Berliner Bevölkerung"!

Die Sowjets gaben am 11. Mai 1949 die Blockade auf. Es war ein unbeschreiblicher Jubel, der bis in den Ostsektor hinüberdrang. Wir freuten uns mit unseren Brüdern auf der anderen Seite.
Was kommt nun, fragten wir uns?

Die Sowjets würden diese Schlappe nicht mit einem Achselzucken wegstecken.
Der kalte Krieg ging weiter. An die Grenzschikanen, die mit Wonne von den Vopo's vorgenommen wurden, erinnern wir uns gewiß noch lebhaft.
Erneut möchte ich meinen klugen Vater zitieren: „Wenn das Wettrüsten so weitergeht, kann der Westen, insbesondere die USA, die Bevölkerung trotzdem mit allen Artikeln des täglichen Bedarfs versorgen, die Sowjets können sich nur ausschließlich auf die Rüstung konzentrieren. „Im Reeders Digest stand auch ein entsprechender Artikel, daß lediglich die Rüstungsindustrie in Rußland reibungslos funktionierte, alles andere würde in einem denkbar schlechten Zustand sein. Für die amerikanische Industrie war dieses Wettrüsten -man kann sagen: ein Glückstreffer -, denn die nach dem Krieg zurückgefahrenen Kapazitäten konnten wieder voll ausgelastet werden.

In diesen großpolitischen Turbulenzen hat Ludwig Ehrhard das „Wirtschaftswunder" aus der Taufe gehoben, und zwar durch einen Überraschungscoup ohne Genehmigung der Alliierten. Sie hatten grössere Sorgen, als sich um unser westdeutsches Problem zu kümmern. Die Währungsreform ist auch, wie schon gesagt, im Osten durchgeführt worden.
Der Kurs Ost-West wurde erst auf 1:2 festgesetzt,, regulierte sich später nach Angebot und Nachfrage, und ist dann auf 1:5 bis 1:6 abgefallen.

Ich war ja nun im Osten, und das Geld hatte einen gewissen Wert, aber ich hatte es nicht.

So hungerten wir also gemeinsam und beteiligten uns weiterhin an dem Warenaustausch, dem Handel mit Waren aller Art, die gefragt waren. Man nannte das „schieben".

Es war der „Schwarzmarkt", der viele Verzweifelte veranlaßte, die letzten Wertsachen, Kleidung u.a. Gegenstände zu verkaufen, um nicht des Hungers zu verenden.

Viele Menschen fuhren auf das Land hinaus und tauschten bei den Bauern ihren letzten Schmuck oder die letzte Jacke gegen irgend etwas Eßbares. So fuhren auch ´Hamsterzüge, wie sie genannt wurden, in die Mark Brandenburg, auch zu den Zuckerfabriken, um dort Melasse einzuhandeln. Die Menschen kehrten dann mit Lebensmitteln oder der schmierigen Masse zurück.

Abb. 21

Hamsterfahrten der hungernden Berliner

Man stellte sich oft die Frage, weshalb Frauen mutiger sind als Männer? Letztere haben zum Glück vielleicht noch gewisse Hemmungen, so brutal vorzugehen wie gegen ihresgleichen.

Leider muß man feststellen, daß es bei der „Gleichberechtigung" und der Verrohung auch nicht mehr gegeben ist.

Der „Schwarzmarkt", ja, er lebt bei der erschütternden Armut in aller Welt weiter fort. Die Schere "Armut : Reichtum" klafft immer ohne Hoffnung fort.

Es geht uns nach diesem tiefen Sturz im Jahre 1945 „beängstigend" gut. Wir sollten dafür sehr dankbar und bescheiden sein!

So hielten wir uns über Wasser mit einem Existenzminimum. Studiert haben wir neben diesen wirtschaftlichen und politischen Sorgen eigentlich ordentlich.

In der Art eines internationalen Staatsstreiches nahmen die Sowjets am 30.11.1948 den Sowjetsektor aus dem Viererblock heraus, und deklarierten den Ostsektor als Hauptstadt der DDR. Am gleichen Tag kündigten sie ihre Mitgliedschaft und Mitarbeit im 4-Mächte-Kontrollrat.
Die Alliierten protestierten in scharfer Form. Auf die ständig neuen Schachzüge der Sowjets konnten sie nur so formal reagieren, daß es zu keiner schweren Eskalation kam.
Die Blockade war glimpflich beendet worden.
Was würde folgen?

21. STAATSEXAMEN UND PROMOTIONSARBEIT!

In diesen unruhigen, unsicheren und sorgenreichen Zeiten liefen meine Vorbereitungen auf das Staatsexamen. Die jungen Studenten, die vielfältige Unterstützung durch Eltern oder Bafög, und auch die Möglichkeit haben irgendwie noch etwas Geld hinzuzuverdienen, können sich nicht vorstellen, wie wir kämpfen mußten. Studiengebühren waren zu entrichten. Lehrmittel hatten wir selbst zu erwerben, es war schwer, aber es ging eben, weil es gehen mußte, sonst wäre man untergegangen. Neben dieser Examensvorbereitung habe ich mit meiner Doktorarbeit begonnen.
Ich ließ mir sagen, dass die Zeit jetzt noch geeignet wäre, denn hat man erst mit der Berufslaufbahn begonnen, ist möglicherweise keine Zeit mehr. Unter 60 Stunden ist in der Assistentenzeit und im Praxisalltag nicht gearbeitet worden. Man war froh, überhaupt eine Stellung erhalten zu haben. Bei der "Ärzteschwemme" heutzutage sieht es ebenso aus.

Nun, ich ging zu Prof.Brugsch, in dessen Klinik ich bereits 4 Jahre ohne Gehalt gearbeitet hatte und bat ihn um einen Titel. Da er wußte, dass meine Leber noch nicht in Ordnung war, meinte er: "dann schreiben Sie über Ihre Leber: die chronische Hepatitis".
Das war ein mir sehr vertrautes Gebiet. Ich hatte mich zuvor schon in eigenem Interesse in der Literatur umgesehen.
Durch die Blockade war bedauerlicherweise der Austausch mit den Westkliniken und dem entsprechenden Schrifttum abgerissen. Also habe ich jegliche damals zur Verfügung stehende Literatur durchstudiert und in den Archiven, die zum Glück den Krieg überstanden hatten, nach Fällen gesucht, die ich für meine Arbeitverwenden konnte.
Mir wurde in dieser schwierigen Zeit nicht gesagt, wie man eine Doktorarbeit schreibt, und ich hatte auch keine gelesen, sondern nur eine große Anzahl üblicher wissenschaftlicher Artikel. Man sagte mir : "Sie machen das schon".
So schrieb ich nach meinem Verständnis frisch drauflos. Leider fanden sich in unserer Klinik nicht die ausreichende Zahl an passenden Krankengeschichten, sodass Prof. Brugsch sagte, ich solle noch die Archive der II. Med.Klinik durchforschen.
Darunter litten nun wieder meine Examensvorbereitungen. Ich wollte auf jeden Fall versuchen, im siebten klinischen Semester meine Staatsprüfung zu absolvieren.
Durch Aufhebung der Blockade gab es eine gewisse Erleichterung für uns alle, die Gefahr war jedoch nicht gebannt. Wir hatten aber einen neuen Elan, und eine gedämpfte Hoffnung auf eine friedliche Zukunft.

Wir verschlossen nicht die Augen vor der Realität. Deshalb war ich bemüht, meine beiden Nahziele schnellstmöglich zu erreichen.

Mein Physikum hatte ich ja in wahrhaft letzter Minute bestanden. Also jetzt erst an die Doktorarbeit.

Einige Passagen möchte ich daraus zitieren, um zu zeigen, wie frei ich meine Erkenntnisse und Theorien als Student darstellte.

Zu Beginn: "Die chronische Hepatitis ist in der Nachkriegsmedizin zu einem feststehenden Begriff geworden. Kaum eine andere Krankheit neben den Seuchen Ruhr, Typhus......... und den mannigfaltigen Hungerfolgen hat die so weitgehend beschäftigt wie gerade diese".

Die Immunitätssituation, damals nicht geklärte Regulationsstörungen und die psycho-zentralnervöse Nachkriegsbelastung waren so weitgehend verändert, daß der Organismus eine Ausheilung nicht vollziehen konnte.

Nun wir wissen, dass unter heutigen Verhältnissen die Hepatitis C in bis zu 80% chronifiziert.

Die Mangel- und Fehlernährung kann sicher als mitverursachend angesehen werden. Dazu kommt heute der Genußmittel-, und an erster Stelle der Alkoholmißbrauch, der sich schädigend und schwächend auf den Leberstoffwechsel auswirkt. Die alkoholischen Getränke der Nachkriegszeit waren durch die mindere Qualität besonders gefährlich.

Zur Vorbeugung und Behandlung , nicht nur der Lebererkrankungen ist eine Obst-Rohkost-, Gemüse-, und mit hochwertigem Eiweiß und Fett ergänzte Nahrung unbedingt empfehlenswert.

Schon damals wies ich auf die Bedeutung von Gammaglobulinen hin und habe in Betracht gezogen, die Viren mit spezifischen Virustatika und Immunstimmulantien zu bekämpfen (heute Interferon).

Prof. Brugsch studierte die Arbeit mit Interesse, da er sich, wie auch sein Sohn Joachim, in seinen Veröffentlichungen mit dem Thema beschäftigt hatte. Er ließ mich kommen.

Mit gewissem Bangen ging ich zu dem großen Meister, obwohl ich ihn und er mich gut kannte.

Er schaute mich mit seinen klugen Augen an und sagte sinngemäß: „Also, lieber Herr Podszus, ich habe mit einer gewissen Verwunderung Ihre Arbeit gelesen. Sie fällt eigentlich aus dem Rahmen üblicher Doktorarbeiten (ich wurde leicht blaß, das Herz klopfte), aber ich finde sie recht interessant und gut. Es sind die Memoiren des weisen Professor Podszus". Ich sagte ihm, ich hätte viele wissenschaftliche Artikel gelesen, aber keine Doktorarbeit, und ich hätte versäumt zu fragen, wie es gewünscht wäre.

Am 27.01.1950 habe ich mein Zertifikat erhalten. Wir plauderten noch eine Zeitlang über meine Zukunft. Ursprünglich hätte ich die akademische Laufbahn einschlagen wollen, aber die politische Lage war mir im Osten zu unsicher. Darüber habe ich Brugsch jedoch nicht unterrichtet.

D I E

L A N D E S Ä R Z T E K A M M E R   H E S S E N

S P R I C H T

Herrn Dr. med. Werner Podszus

Z U R

50. W I E D E R K E H R

D E S   T A G E S,

A N   D E M   D I E   D O K T O R W Ü R D E

der Universität Berlin

V E R L I E H E N   W U R D E,

D I E   H E R Z L I C H S T E N   G L Ü C K W Ü N S C H E   A U S

U N D   V E R B I N D E T   D I E S

M I T   A U F R I C H T I G E N   W Ü N S C H E N

F Ü R   W E I T E R E S

W O H L E R G E H E N

Frankfurt, den 27.01.2000

Dr. med. L. Hofmann
Vorsitzender der
Bezirksärztekammer Kassel

Dr. med. A. Möhrle
- Präsident -

Prof.Brugsch war noch über ein Jahrzehnt tätig und starb mit 84 Jahren. Eine Straße in Pankow und die I. medizinische Klinik der Charité wurden nach ihm benannt.
Mit ihm ist einer der letzten großen universell gebildeten Ärzte unseres Jahrhunderts gestorben. Den ehemaligen Ärzten und Mitarbeitern bleibt er unvergessen.

Abb.22

Grab v. Prof.Dr. Theodor Brugsch, Chaussee Str.126

Eine Diktatur und den Krieg hatten wir einigermaßen unversehrt überstanden, und nun befanden wir uns in der nächsten, eigentlich doppelten, derjenigen der Sowjets und der SED.
So hatte ich meine Fühler gen Westen ausgestreckt. Es war schwer, eine Assistentenstellung zu bekommen. Mein damaliger Schwiegervater erinnerte sich, daß Prof. Schäfer, der Direktor der Frauenklinik in der Pulsstraße ein Kompaniekamerad aus dem 1. Weltkrieg gewesen ist. Nach gegenseitigem Kontakt der beiden Herren sagte mir Prof. Schäfer zum 15.08.1949 eine Stellung zu.
Bis dahin mußte ich alle Prüfungen für das Staatsexamen bestanden haben. Also stand ich wieder wie beim Physikum unter schwerem Zeitdruck.
Und es war nicht einfach, die Prüfungstermine so zu erhalten, daß sie nicht kollidierten, und ich für die schwierigeren Fächer ausreichend Zeit zur Vorbereitung hatte.
Auch mußte ich in jedem Fach bestehen, denn einen Wiederholungstermin hätte ich nicht einprogrammieren können.

Dazu kam, daß meine finanzielle Situation recht dürftig gewesen ist. Aber bis August standen mir durch meine Tätigkeit im „Warenhandel" - den Schiebungen - Mittel zur Verfügung. Während der Prüfungs- und Doktorarbeitsphase wäre für diese Aktionen keine Zeit mehr gewesen.

Mit einer natürlichen Angst, aber jugendlichem Optimismus ging ich in die Prüfungen.

Chirurgie bei Prof. Madlener in Vertretung von Sauerbruch absolvierte ich ohne Schwierigkeiten, er kannte mich durch meine „Freundschaft" mit seinem Chef.

Ebenso lief es in der gynäkologischen Prüfung bei Prof. Schopohl. Auch für ihn war ich ein Begriff, ich hatte einige Wochen in seiner Poliklinik famuliert.

Hals-Nase-Ohren bei dem strengen Prof. v. Eicken: „Woher kenne ich Sie"? seine Frage. Ich erwähnte, daß ich sein Zimmer, mehr ein Kellerloch, für den hochrangigen Spion freimachen mußte, und er mich gebeten hatte, 1945 seine ruhrerkrankte Tochter zu betreuen.

Damit ist nicht gesagt, daß ich die Prüfungen geschenkt bekommen habe, aber der Prüfungsdruck war, wie auch die Befangenheit, geringer.

Jeweils befanden sich 4-5 Studenten in einer Prüfungsgruppe. Eine gewisse Rolle spielt sicher die Bekanntschaft, auch Sympathie eine Rolle bei der Stellung der Prüfungsfragen, evtl. bei der Benotung.

An mehrere Examina wie Augen, Haut, Kinder und Neurologie-Psychiatrie erinnere ich mich nicht mehr.

Im Fach „Innere Medizin" wurde ich zunächst von Prof. Krautwald, dem Nachfolger von Prof. von Bergmann geprüft. Wir 4 wurden förmlich begrüßt, durften Platz nehmen, und er sagte zu mir mit einem gewissen Unterton: „Ach, Sie sind ja der Leib- und Hoffamulus von Kollegen Brugsch".

Man war damals des Glaubens, daß Krautwald ein Mann von SED's Gnaden gewesen ist. Zudem war Brugsch der Übermensch für ihn, so daß stets eine Rivalität und sicher Eifersucht eine Rolle spielte.

„Dann müssen Sie ja recht gut Bescheid wissen". Er stellte sich ans Fenster und blies Zigaretten rauchend beachtenswerte Ringe. Dann kam die erste Frage: „Zeichnen Sie mir zuerst die Formel für Buttersäure und erklären mir dann den Fettabbauzyklus"! Nun, ich zeichnete die Formel, er sagte, sie wäre falsch, und ich widersprach.

Damit hatten wir ein unerfreuliches Prüfungsklima, bei dem ich etwas durcheinander war.

Er stellte mir eine Anzahl weiterer, z.T. schwierigere Fragen, von denen ich einige nicht exakt beantworten konnte. Das Ergebnis war, daß er mir nur ein befriedigend gab mit dem Bemerken, der Kollege

Brugsch fügte sicher ein sehr gut hinzu, das gäbe zusammen ein gut. Als er die Note eingetragen hatte, bat ich ihn, mir die Formel richtig aufzuschreiben, sah er sie an und meinte, sie wäre doch richtig. Empört sprach ich ihn nun an, daß er mit diesem Verhalten jeden Kandidaten sehr verunsichern würde. 'Nun, ich könne ja noch einmal wiederkommen, damit er mich auf ein sehr gut prüfte'. Das wollte ich keineswegs.

Anschließend beim Mittagstisch in der I. medizinischen Klinik stellte ich meine Prüfungsfragen zur Diskussion. Einige konnten auch die Herrn Professoren nicht beantworten. Nun, das ist vergeben. Krautwald soll im Grunde in seiner Familie ein netter Mensch gewesen sein. Er war halt auch ein Opfer seiner Zeit wie wir alle. Bei seinen Mitarbeitern war er jedoch nicht sehr beliebt. Er ging dann 1961, wie so viele, in den Westen.

Die 2. internistische Prüfung bei Sohn und Vater Brugsch war nicht leicht, aber freundschaftlich.

Das Hygieneexamen war - nicht in der Prüfung -, aber im Vorfeld recht lustig.

Prof. Blumenthal sagte zu uns 6 Prüflingen: „Bringen Sie doch bitte einen Stuhl herein"!

Jeder griff einen Stuhl, ging durch die Tür. Er kehrte uns den Rücken zu, drehte sich um. Da standen wir mit 6 Stühlen. „Nein, nein, ich meinte einen Stuhl".

Also fünf gingen zurück.

Dann hatte er einen Brief in der Hand, nahm eine Briefmarke. Wir hielten den Atem an und blickten gebannt auf ihn. Der Hygiene Professor nahm die Marke, streckte die Zunge raus und bemerkte, daß wir sehr gespannt waren, ob er leckte. Er zog sie schnell zurück. Wir lächelten. Nun feuchtete er einen Finger mit der Zunge an. Das schmeckte wohl nicht, und es war auch nicht feucht genug.

Langsam fürchteten wir, daß er verärgert würde.

Jetzt ging er zum Wasserhahn, benetzte ein Handtuch, machte die Marke zu naß, so daß sie auf dem Brief wegrutschte Wir mußten sehr an uns halten, um nicht zu lachen. Wir taten es hinterher nach der doch recht netten Prüfung.

Wie man sich an derartige Kleinigkeiten mit einem Schmunzeln noch erinnert. Sie lockern das leider viel zu ernste Leben ein wenig auf.

Im Pathologieexamen wurden wir makroskopisch anhand von Verstorbenenpräparaten, und mikroskopisch geprüft. Die anatomisch-pathologische Prüfung lief gut, denn ich hatte eine relativ große Erfahrung gesammelt. Prof. Brugsch erwartete unsere Anwesenheit, zumindest bei jeder Sektion eines auf unserer Station Verstorbenen; wir nahmen jedoch möglichst an allen teil.

Der Pathologe hat letztinstanzlich Recht. Wir hörten unsere klinische Diagnose bestätigt, ergänzt oder als falsch deklariert, um daraus Lehre für die Patienten zu ziehen.

Die mikroskopisch-histologische Prüfung beinhaltet die Beurteilung etwa von 10 Präparaten. Ich stellte die richtigen Diagnosen, aber Prof. Linbach der Vertreter des Lehrstuhlinhabers Prof. Rößle gab mir ein gut. Die ersten beiden Kandidaten hatten alle Fragen ebenfalls richtig beantwortet und erhielten eine 1. Wir beiden letzten eine 2. Ich fragte Prof. Linzbach, weshalb diese diskrepante Beurteilung?

Er meinte: „Ach wissen Sie, ich kann nicht allen eine 1 geben". So kann es einem gehen!

Erst habe ich mich aufgeregt, aber wer hat später danach gefragt?

Dann kam die wohl schwerste Prüfung: Pharmakologie! Ich paukte in meinem christlichen Hospiz - von 2 Heizstrahlern etwas angewärmt, denn es war ein kalter Tag bis 23:00 Uhr, sah im Traum mit feurigen Lettern chemische Formeln an der Wand.

Es war so, wie es Belsazar der König von Babylon erlebte, als mit einer Hand an der gekalkten Wand die folgenden Zeichen aufgetragen wurden: „Mene, Mene, Tekel und Parsin". Das war, als der König mit den heiligen Geräten aus dem Tempel aus Jerusalem ein großes Fest feierte.

Der Prophet Daniel wurde gerufen. Er teilte die Deutung dem König mit, daß seine Zeit abgelaufen wäre. In der gleichen Nacht starb Belsazar, der Sohn Nebukadnezars.

So schlimm ist es mir nicht ergangen, aber es ereignete sich Schlimmes. Ich wurde durch merkwürdige Schleifgeräusche an den Wänden und Klopfen an Türen wach, und eine Stimme rief meinen Namen. Also mußte ich öffnen. Dieses nächtliche Gespenst war ein total betrunkener Kollege, der in mir eine Art Vorbild, Berater und Retter sah. Auch in seinem Zustand hatte er mich leider gefunden. Um ein weiteres Randalieren zu verhindern, mußte ich ihn auf dem Fußboden in meinem kleinen Kämmerlein schlafen lassen.

Er befand sich sofort im Tiefschlag und schnarchte fürchterlich. Die Luft war bald alkoholgeschwängert. Ich hatte praktisch nicht mehr geschlafen. Am nächsten Morgen mußte ich trotzdem mit schwerem Kopf und mäßig vorbereitet in die Prüfung gehen.

Wer würde kommen? Fragten wir 5 ängstlichen Menschlein. Einer hatte keine Bange, wer wird sich zeigen.

Den Lehrstuhlinhaber Prof. Heubner fürchteten alle, er war als unangenehmer, harter Prüfer bekannt.

Zu unserem Glück erschien sein Vertreter Prof. Herken. Der Reihe nach wurden wir befragt. Es ist ein trockenes Fach mit vielen, vielen Formeln, Theorie, man konnte seine Vorstellungskraft schwer ins Spiel bringen. Der erste schaffte es mit einer 2. Dann kam derjenige, der keine Angst hatte: Ein Ass! Er wollte Anästhesist werden, und so war Pharmakologie sein Fach. Glatte 1! Ausgerechnet nach ihm mußte ich zur „Schlachtbank". Nach dieser fürchterlichen Nacht war mein schmerzender Kopf fast leer. Dazu hatte ich in meinem Terminplan aus Zeitnot nur 3 Wochen zur Vorbereitung einsetzen können, man rechnete normalerweise mit 6-8 Wochen. Unter anderem sollte ich eine Morphiumvergiftung beschreiben. Ich tat es, zum Teil mit Raten.
Prof. Herken sagte: „Einiges ist bei allen Vergiftungen ähnlich, aber bei der einen sind die Pupillen weit, bei der anderen eng, hier der Puls langsam, dort schnell, sie haben immerhin drei Vergiftungen bei dem Patienten diagnostiziert". Ich war fast am Boden. Dann konnte ich einiges ganz gut beantworten, aber er war noch nicht zufrieden. Ich hatte aber meine Fassung wieder. Er sagte: „Was können sie denn gut"? Ich antwortete: „Wir können uns ja über die Herzglykoside unterhalten" (ich war das so von unserem professoralen Mittagstisch gewohnt).
Er, mit einem Schmunzeln zum Glück; „Na gut Herr Kollege, machen wir es doch".
Hier zahlte sich meine relativ große Erfahrung der 4-jährigen Tätigkeit in Klinik und Poliklinik aus. Ich bekam mein Zertifikat.
Prof. Herken war am Schluß der gesamten Prüfung noch sehr nett. Er fragte mich, nachdem er den ganzen Prüfungsbogen mit den guten Noten gesehen hatte, weshalb ich bei ihm so schwach gewesen bin. Ich erzählte ihm von meiner chron. Hepatitis, dem ewigen Hunger, der Geldnot und dann noch von der letzten Nacht. Er meinte, unter diesen Umständen wäre meine Leistung noch beachtlich gewesen. Er hätte mir gern eine bessere Note als 3 gegeben. Mit diesem „bestanden" war ich aber sehr zufrieden. Die beiden Kollegen hatten auch nur eine 3 bekommen, aber 8 Wochen gepaukt. Sie sagten, das erleben wir mit den Männern immer wieder, sie sind frech und haben auch noch Glück dabei.

Es war fast die letze Prüfung.
Am 14. Juli 1949 erhielt ich meine Bestallung als Arzt! Ich hatte es geschafft!
Das konnte mir niemand nehmen, ganz gleich, welche Zeiten uns erwarteten. Gut sahen sie nicht aus. Zudem hatte ich eine Freifahrt in den Westen gewonnen. Um dorthin zu gelangen, benötigte man einen Tauschpartner, der in den Osten wollte. Da ich sowohl in Stadtmitte und in Friedrichshagen gemeldet war, ist das kein Problem gewesen.

So verließ ich die geliebte Charité und mein christliches Hospiz. Es war kein leichter Schritt, durch den meine Entwicklung einen Bruch erlitten hatte, denn eigentlich war in mein Stammbuch die akademische Laufbahn geschrieben. Ich bekam viele gute Wünsche mit auf den Weg.

22. DAS ZEITGESCHEHEN NIMMT SEINEN LAUF!

Nun war ich im Westen, hatte eine Stellung.
Ob es hier sicherer sein würde, müßte die Zukunft zeigen.

Der russische Bär leckte seine Wunden, deren schlimmste 1949 der Abbruch der Berliner Blockade mit erheblichem Prestigeverlust gewesen ist.
Ebenfalls im Jahre 1949 wurde die BRD unter Konrad Adenauer gegründet. Ein weiterer Prestigeverlust! Als Ausgleich zogen im gleichen Jahr die Sowjets eine gefährliche Trumpfkarte: Sie besaßen jetzt die Atombombe.

Der kalte Krieg wehte weiter aus Sibirien gen Westen. Die Rüstung lief beiderseits auf Hochtouren. Im Readers Digest stand zu dieser Zeit ein Artikel, der besagte, daß in Rußland lediglich die Rüstungsindustrie durch den Einsatz der fähigsten und zuverlässigsten Köpfe beängstigend gut funktionierte, aber in den anderen Betrieben herrscht Unordnung und Chaos. Der zivile Bereich würde vernachlässigt, ein Plus für den Westen: Eine unzufriedene Bevölkerung.

Es war eine trügerische Ruhe. So konnte 1952 der Deutschlandvertrag die offizielle, militärische Besetzung beenden. Die 3 Westalliierten waren nun die „Schutzmächte".

Das Volk im Osten begehrte z.T. stumm, aber auch mit Gewalt auf. Am 17. Juni 1953 kam es zu dem bewundernswerten Aufstand der Berliner Bauarbeiter der Stalinallee, der mit sowjetischen Panzern niedergeschlagen wurde. Die Situation war äußerst kritisch und verschärfte sich noch durch die Mitteilung der Sowjets, daß sie jetzt, 1953, eine einsatzbereite Wasserstoffbombe, an deren Entwicklung Sacharow entscheidend beteiligt war, zum Einsatz bereit hätten.

Abb.23

1955 trat die BRD als souveräner Staat der Nato bei; ihr wurde eine begrenzte Bundeswehr zugebilligt. Der westliche Block erkannte die Notwendigkeit eines stabilen Verbündeten. Die politische Lage verlangte einfach diese Entwicklung zu unseren Gunsten. So konnte sich im Westen Deutschlands ein demokratischer Staat bilden.

1956 wurde in Ungarn ein Volksaufstand von den Sowjets niedergeschlagen. Eine Machtdemonstration, die keine Abweichler duldete.

Die nächste Trumpfkarte der UDSSR war der - vom Westen für unmöglich gehaltene - Start des Sputniks am 04.10.1957! Es war ein Schock vor allem für die USA, die ihrerseits die Rüstung und die Raumfahrt weiter forcierten. Die Sowjets hatten nun die Möglichkeit, Abc-Waffen an jeden Punkt der Welt zu bringen.

1962 Kubakrise: Die Sowjets stationierten Atomraketen auf der Insel. Die Gefahr eines Atomkrieges hielt die Welt in Hochspannung. Kennedys energisches Ultimatum erzwang den Abzug der Raketen.

Um den Westblock mehr zu festigen und zu stärken, wurde die BRD 1963 in die EWG aufgenommen.

Der Ostblock war durch den „eisernen Vorhang" fest im Griff der Kommunistischen Machthaber. Die Zügel wurden in der DDR fester angezogen. Die wirtschaftliche Entwicklung gegenüber dem Westen driftete immer weiter auseinander, die Ostmark fiel im Wert.

So setzte eine große Fluchtbewegung ein, vorzugsweise der jungen, fachlich gut qualifizierten Kräfte aller Schichten und Berufe.
Hier war selbstverständlich auch das Personal der Charité einbegriffen. Viele Ärzte und Angestellte wohnten im Westen und waren sogen. Grenzgänger. Im Jahre 1961 haben ca. 250 Ärzte und Wissenschaftler die Charité verlassen. Die Hälfte der Kliniken verloren ihre Direktoren.
Nun konnten vorzugsweise die „volksdemokratischen", oft parteitreuen Funktionäre in die Stellungen ein- und aufrücken.
Um der Gerechtigkeit die Ehre zu geben, muß man sagen, daß trotz allem eine große Zahl qualifizierter Kräfte sich um das Wohl und Wehe der Patienten gekümmert hat, gemäß der ärztlichen und pflegerischen Verpflichtung. Diese guten Ärzte und Wissenschaftler haben - magisch von der Charité und Berlin angezogen - die Zone entblößt.
Von der positiven, wirtschaftlich freien Entwicklung der Westzonen war die DDR weitgehend ausgeklammert; sie hatte über Jahrzehnte schwere Reparationsleistungen an die Sowjets zu erbringen und war durch die Zwangsmitgliedschaft im Comecon in ihrem selbständigen Unternehmertum blockiert.
Davon war naturgemäß die Charité betroffen. Die staatlichen Mittel zum Aufbau und zur Modernisierung flossen in den ersten Jahren spärlich.

23. DER MAUERBAU! - BEGINN WEITERER UNRUHEN IN ALLER WELT!

Um der Fluchtbewegung Einhalt zu gebieten, mußte die DDR-Regierung etwas unternehmen. In Übereinstimmung mit den Sowjets ließ sie 1961 die berüchtigte Mauer erstellen. Die Grenze war über Nacht von den Grenzsoldaten abgesperrt, und Tausende von Bauarbeitern und Truppenangehörige errichteten die Mauer.
Viele Menschen, die von Deutschland nach Deutschland wollten, fanden den Tod an der Grenze, im Niemandsland oder im Stacheldraht. Familien wurden zerrissen. Der "eiserne Vorhang" fiel brutal herab.

Abb.24
Amerikanische u. russische Panzer 'Aug in Aug'

Abb.25

Checkpoint Charlie, amerik. Sektor

Abb.26

Hier starb Ida Siekmann

Amerik. Panzer am Checkpoint Charlie

Abb.28

Checkpoint Charlie

Abb.29

Grenzübergang britischer Sektor

Abb.30

Die berühmte Bernauerstraße, an der einige Berliner starben !

Abb. 31

Zugemauerte Kirche

Abb.32

Die 'Mauer'

Abb.33

Brandenburger Tor - Mauer

Sowjetisches Ehrenmal mit Reichstag u. Tiergarten
'Ein Dorn im Fleisch des Westens'

Demonstrativ kam Kennedy - vor dem deutschen Bundeskanzler - nach Berlin und sprach die berühmten Worte:

„Ich bin ein Berliner"!

Ebenso energisch hat er die Kubakrise gelöst.

Abb.35

John.F.Kennedy bei seinem berühmten Berlinbesuch

Die Lage war äußerst gespannt. An den Stadtgrenzen, die nun vor den Augen der Berliner beiderseits der widerrechtlichen Grenze zugemauert waren, wurden nur wenige Übergänge offen gelassen. Die Bilder dokumentieren das Geschehene.

Der „Check Point Charly" ist für jeden Berliner, auch heute noch, ein Begriff.

Die Luft war wie mit Dynamit geladen. Die Kontrollen an allen Grenzen in Berlin und nach Westdeutschland wurden schikanös verschärft.

Mit Fernglas und Fotoapparat gingen wir in jeder freien Zeit zur „Mauer", um zu beobachten und zu fotografieren. Wir waren zwar in relativer Sicherheit, und wir hatten gesehen, daß unsere Schutzmächte präsent waren, aber Bedenken hatten wir doch. Am Check Point Charly standen sich amerikanische und russische Panzer gegenüber, man war in höchster Alarmbereitschaft. Was würde geschehen in den nächsten Tagen und Wochen?
Es geschah zum Glück nichts. Für den Westen war Ostberlin gesperrt, und der Transitverkehr ist nur gestört, aber nicht schwer behindert worden.

Über den Ostteil der Stadt breitete sich Entsetzen, Wut und Hoffnungslosigkeit aus.

Die Charité ist davon nicht unbehelligt geblieben. International konnte hier der medizinische Standard schon wegen der dem Westen gegenüber mangelhaften Ausstattung der Kliniken und Institute in allen Bereichen nicht gehalten werden.
Mit dieser Tatsache setzte sich die Erkenntnis in der DDR-Regierung durch, die Charité zu erweitern und zu modernisieren. Es wurde ein Prestigevorhaben geplant, zugunsten der zahlreichen Patienten, die, wie ich zu Beginn schrieb, durch ihre Pforten gingen oder gefahren wurden.
Die Rekonstruktion und auch Neubauten von Kliniken und Polikliniken war dringend angezeigt, auch aus politischen Gründen, da Ostberlin zur Hauptstadt der DDR deklariert worden ist.
Pro Jahr würden in der Charité 750.000 Patienten ambulant und 25.000 stationär behandelt, eine Erweiterung ist zwingend notwendig gewesen.
Das Konzept dieser für die DDR gewaltigen Aufgabe war in den folgenden Jahren die Errichtung eines 50 m hohen Bettenhauses für fast 1.000 Patienten, einer neuen Zentralküche, eines neuen chirurgischen Zentrums, eines zentralen Bereiches für Diagnostik und Therapie, Forschungs- und Lehreinrichtungen, sowie Schwesternwohnungen. Damit könnte die Charité dem Westen gegenüber wieder an Boden gewinnen.

In der politischen Betrachtung ist Berlin wieder zur „Welthauptstadt" geworden. Hier wurde über Krieg und Frieden gepokert.
Es war eine sehr interessante Zeit, aber wir hatten große Bedenken, wenn die Russen, denen nun alle Superwaffen und Raketen zur Verfügung standen, Berlin besetzten, ob dann dieser Stadt wegen die Westalliierten einen Krieg beginnen würden. Wir hätten es nicht einmal verlangt, denn eine nochmalige Zerstörung wäre einer Auslöschung unserer geliebten Stadt gleichgekommen.
Die Lage beruhigte sich. Die Berliner sind stark, sie arbeiteten schwer an dem Wiederaufbau. Mit Zähigkeit und dem bekannten Berliner Humor bewältigten sie auch die Schikanen und die Bewegungseinschränkungen.

Der „Atomsperrvertrag" brachte 1963, nachdem sich die Westmächte mit dem „eisernen Vorhang" abgefunden hatten, eine gewisse, wenn auch gespannte internationale Befriedung.
Und wieder wurde im Jahre 1968 die scheinbare Ruhe unterbrochen. Die Tschechoslowakei unternahm einen „Befreiungsversuch", der

durch die Sowjets, mit Unterstützung der an der tschechischen Grenze drohend stehengebliebenen DDR-Volksarmee niedergeschlagen wurde. Ein interessantes Phänomen trat dabei zutage. Die Sowjettruppen wurden meist freundlich begrüßt und in Diskussionen verwickelt, so daß die Soldaten sehr verunsichert gewesen sind, und den Sinn ihres propagandistisch begleiteten Einmarsches nicht begriffen haben und abgelöst werden mußten, da es Unruhe in der Truppe gab.

Aber die Unruhe griff auch auf Deutschland über. Ebenfalls 1968 kam es zu schweren studentischen Krawallen, nicht nur in Berlin, unter der Leitung von Rudi Dutschke, Macuse u.a. Diese Unruhen fanden sich auch in anderen Ländern. Die Ziele waren nicht sicher zu identifizieren, die Gesellschaft sollte verändert werden, die bürgerlichen Normen beseitigt werden. Man spricht heute noch von den „Achtundsechzigern“, nicht in erfreulichem Sinne.

1969 gelang den Amerikanern die erste Mondlandung, und damit im großen Pokerspiel ein beträchtlicher Prestigegewinn.

Die Welt kam nicht zur Ruhe. Machtpolitische, religiöse und wirtschaftliche Erwägungen ließen Politiker Kriege anzetteln. Nur einige der nächsten Jahrzehnte seien erwähnt.

Am 06.10.1973 überfielen die arabischen Staaten im Jom-Kippur-Krieg Israel. Dann folgte die Auseinandersetzung zwischen dem Iran und Irak in der Umbruchphase Schah-Khoumeni, bei dem mehr als eine Million, vielfach Kinder gefallen sind. Bald folgte der Überfall des Irak auf Kuwait. Das erste Mal hat sich der West- und Ostblock zur Beendigung dieses Krieges zusammengefunden.

Georg Busch sprach von einer Wende zum Frieden.

Wo war dieser Friede?

Es ging weiter mit dem Völkermord in Ruanda, und der neue Begriff einer ethnischen Säuberung wurde in das Vokabular aufgenommen.

Nun folgte die kriegerische Auflösung Jugoslawiens, deren Folgen der BRD heute noch erhebliche Kosten verursacht.

Dazu kommen noch die vielen „vergessenen Kriege“, die den Menschen der dortigen Regionen unsägliches Leid bringen. Es muß die Frage gestellt werden: Wer liefert diesen Kriegstreibern die Waffen? Wer macht sich damit mitschuldig?

In Deutschland hatten wir einen zufriedenstellenden Aufbau der Städte, Industrie und Infrastruktur. Durch die Ost-West-Konfrontation rüsteten beide deutsche Staaten, BRD und DDR, zur Unterstützung ihres Machtblocks auf, entzogen dadurch ein nicht unerhebliches Potential zur Erneuerung in allen zivilen Bereichen. Aus

machtpolitischen Gründen durfte das mit „Kollektivschuld" beladene Deutschland eine Bundeswehr und eine Volksarmee haben.
Darin zeigte sich die unehrliche, ambivalente Haltung der ehemaligen Kriegsgegner.

24. DIE KRIEGSSCHULDFRAGE! FOLGEN! SÜHNE! VERGEBUNG?

Hätte es eine absolute „Alleinschuld" des deutschen Reiches gegeben, dann hätte das Ausland keine Kenntnis von den Vorgängen und den Kriegsvorbereitungen in Deutschland haben dürfen, ihre Spionageorganisationen hätten total versagt.

Durch ihr sicheres Mitwissen und ihre Duldung sind sie, aber auch die Kirchen mitschuldig.
Haben die Völkerbundstaaten Einspruch gegen die Judenverfolgung, gegen den Holocaust erhoben?   Haben sie nach dem Krieg um Vergebung wegen ihrer Verfehlungen gebeten? Der Papst tat es.

Arno Scholz hat zu diesem, uns heute nach wie vor belastenden Problem nach dem Nürnberger Prozeß Stellung bezogen, zu der Frage der „Kollektivschuld". Er schreibt: „Die vielen Konzentrationslager, die vielen Todesurteile und die ganze Apparatur der Gestapo wären ja nicht notwendig gewesen, wenn das ganze Volk hinter Hitler gestanden hätte. Wer in den 12 Jahren in Deutschland gelebt hat, weiß um den unendlich schweren Kampf, den jeder einzelne führte, der sich von dieser Bewegung distanzieren wollte. Er weiß um die vielen kleinen Nadelstiche, die dem Terrorsystem tagtäglich versetzt wurden und die schließlich, als Summe gesehen, doch viel bedeutet haben. Es ist nicht so gewesen, daß lediglich einmal, und zwar am 20.07.1944 ein Widerstand gegen das Naziregime sichtbar wurde".
Und weiter: „Er ist viel zu wenig in die Öffentlichkeit gedrungen, auch zu wenig ins Ausland, denn die Widerstandskreise waren gar nicht daran interessiert, daß das Ausland darüber berichtete, weil mit jeder Auslandsmeldung weite Personenkreise gefährdet waren". Dann schilderte er den Werdegang des NS-Regimes und sagt: „Wir, die wir von Hitlers Schergen drangsaliert und gejagt wurden, haben es nie begriffen, daß noch in dieser Zeit internationale Verträge mit Hitler abgeschlossen wurden".
„Hitler ist keine deutsche Schuld, sondern eine europäische, ja sogar eine Weltschuld. Die Schuld der Deutschen soll dadurch nicht geschmälert werden. Aber die Schuld der Deutschen lag hauptsächlich in der Zeit bis 1933, in welcher sie diesem Manne so blind gefolgt ist. Nach 1933 gab es keine Möglichkeit mehr, diese Tyrannei abzuschütteln. Unzählige Blutopfer (es werden 40.000 angegeben) dieses Regimes sind der beste Beweis dafür, daß immer wieder der Ansatz gemacht wurde, dieses Joch abzuwerfen".

Zu diesen Opfern zählt der unvergessene Albrecht Haushofer, der noch am 23. April 1945 kurz vor der Eroberung Berlins durch Genickschuß umgebracht wurde. In seiner Hand fand sein eigener Bruder einige Gedichte, die er „Moabiter Sonette" nannte. Sogar dieser wahrhafte Mensch fand sich selbst schuldig.

SCHULD

Ich trage leicht an dem, was das Gericht
mir Schuld benennen wird: An Plan und Sorgen.
Verbrecher wär ich, hätt' ich für das Morgen
des Volkes nicht geplant aus eigner Pflicht.

Doch schuldig bin ich anders als ihr denkt,
ich mußte früher meine Pflicht erkennen,
ich mußte schärfer Unheil Unheil nennen -
mein Urteil hab ich viel zu lang gelenkt.....

Ich klage mich in meinem Herzen an:
Ich habe mein Gewissen lang betrogen,
ich hab mich selbst und andere belogen -

ich kannte früh des Jammers ganze Bahn -
ich habe gewarnt - nicht hart genug und klar!
Und heute weiß ich, was ich schuldig war .....

Zur Frage der Schuld, die auch heute jeden verantwortungsbewußten Menschen belasten sollte, möchte ich einige Gedanken äußern.
Wer gibt den Politikern und Militärs das „Handwerkzeug" für ihr Denken und Handeln?
Es sind die Erfinder, Techniker, Ingenieure, die Führungskräfte der Industrie und in Mitverantwortung die Bänker. Der Profit ist das Motiv!
Ein chinesisches Sprichwort besagt:
„Wenn die Menschen sich mit der Wissenschaft beschäftigen für sich selbst, ist dieses Wissen für sie persönlich von Nutzen. Tun sie es aber für andere, so ist diese Gelehrsamkeit nicht nur nutzlos, sondern schädlich und gefährlich", wenn es sich um Kriegswissenschaft handelt.

Jesus Christus sagte zu den Männern, die eine „Schuldige" steinigen wollten: „Wer ohne Fehl ist, der werfe den ersten Stein"! Alle gingen beschämt davon.

Sind die USA ohne Fehl? War die 2. Atombombe auf Nagasaki zur Beendigung des Krieges gegen Japan zwingend notwendig? und die grauenhaften Bombardierungen der deutschen Städte: Dresden, Berlin usw., an der die Engländer, zur eher berechtigten Vergeltung, beteiligt gewesen sind?
Dieser Bombenterror hat den Krieg nicht wesentlich verkürzt: Die Kriegswaffenproduktion war 1943/1944 auf dem höchsten Stand seit 1938.
Der Krieg wäre eher politisch abgekürzt worden, wenn die Alliierten nicht kategorisch die „bedingungslose Kapitulation" gefordert hätten. Dann würden sich mit Wahrscheinlichkeit eine größere Anzahl höherer Offiziere entschlossen haben, den Sturz Hitlers zu verwirklichen, der 20. Juli 1944 wäre wohl gelungen. Sind England und Frankreich als ehemalige Kolonialmächte schuldfrei? Und bei den franz. Atomversuchen auf dem Mururoa-Atoll? Oder die UDSSR, wenn man an Katyn, Gulak, die Lubljanka und die zahllosen Zwangsarbeitsläger, die Millionen Toten denkt, die dem Regime zum Opfer gefallen sind? Sie hatten am ehesten das Recht, Vergeltung für die schweren Untaten, die an ihrem Volk begangen wurden, zu üben. Haben die Westalliierten Einspruch gegen die „ethnische Säuberung" der ostdeutschen Gebiete erhoben, bei der 12 - 15 Millionen Menschen vertrieben und zahlreiche umgekommen sind? Sind sie da schuldfrei?
So konnten die Ländereien von Polen, der UDSSR und der Tschechei übernommen werden, da sie fast menschenleer waren.

Das deutsche Schuldkonto muß auch eine Entlastung erfahren durch den schweren Blutzoll von Millionen Toten, darunter über 500.000 Zivilisten, Verlust der Ostgebiete und Elsaß-Lothringen.

Seit Jahren tragen wir die Hauptlast in Europa für die internationalen Institutionen.

Langsam müßte unser Schuldkonto ausgeglichen und die Vergebung absolut sein, sonst würden die nächsten, unbeteiligten Generationen einen neuen Nationalismus und Rassismus entwickeln.

Unsere Politiker könnten mehr Selbstbewußtsein zugunsten unserer Kinder zeigen und nicht allen Forderungen zustimmen.

Aber wer sind die Politiker? Ein führender sagte in einem Interview am 13.04.1998, er hätte nichts von den Judenverfolgungen und dem Holocaust gewußt und erst nach dem Kriege davon erfahren. Er hätte als Offizier seine Pflicht getan, obwohl der Krieg „Unfug" gewesen sei.

Bei so viel Unschuld und Nichtwissen eines ehemaligen Bundeskanzlers ist es kein Wunder, daß seit Bestehen der Bundesrepublik so viele gravierende Fehler zu Lasten des Volkes gemacht wurden und werden. Die einfachen Soldaten haben in dieser Sendung gesagt, der Krieg wäre ein Verbrechen und ein Wahnsinn gewesen. Die Generäle wären die Hauptschuldigen, denn ohne sie hätte Hitler weder den Krieg beginnen noch führen können.

Mit immerwährenden, unterschwelligen Schuldzuweisungen gegen Deutschland kann kein einheitliches Europa geschaffen werden. Es wird eine Zusammenfassung egozentrischer Nationalstaaten bleiben. Ein Nachkriegskommentar besagte: „Das Rettende kann allein von der wahren Religion kommen. Wir bedürfen Kräfte des Herzens, um die Weltprobleme zu lösen, den Frieden mit dem Handeln in der Verantwortung vor einem höheren Wesen - Gott - herzustellen und zu gewährleisten".
Ein weiteres Wort von einem - man könnte sagen von einem Wachträumer - ergänzt das eben Gesagte: „Wenn wir wirklich die Welt erobern wollen, werden wir das nicht mit Bomben und anderen Waffen der Zerstörung erreichen. Laßt unser Leben mit Liebe und Opferbereitschaft durchflechten, dann werden wir sie erobern".
Wenn die Menschen mehr Barmherzigkeit und Liebe in der Familie, zu ihrem Nächsten, den Tieren und der Natur üben würden, gäbe es mehr Frieden auf der Welt. Oft werden die Kinder schuldig gesprochen. Sie sind die Opfer, weil ihnen der Hafen einer geordneten Familie vorenthalten wird.
Ihr Protest, ihre Drogensucht, ihre Kriminalität, die hohe Selbstmordrate ist der Aufschrei, ist Hilf-, Rat- und Hoffnungslosigkeit. Schuldig sind die Erwachsenen, die in einem Einelternhaus, in einer geschiedenen Ehe, in einem unehelichen Kind-Mutter-Vater-Verhältnis den Kindern nicht die Liebe und Geborgenheit geben, die eine menschgemäße Entwicklung ermöglichen. Ohne psycho-physisch gesunde Kinder wird die Menschheit den negativen Trend der Selbstzerstörung fortsetzen.
Ärzte, Psychologen und Psychotherapeuten sind hier sehr gefragt, um den gesellschaftlichen Verfall aufzuhalten. Wenn sie aber laufend mit neuen Gebührenordnungen, Reglementierungen, Sparzwängen und

wirtschaftlichen Sorgen konfrontiert werden, haben sie weder Muße, Zeit und Kraft, sich ihrer eigentlichen Aufgabe zu widmen.

Die Politik sollte sparen, um den Ärzten ein besseres Arbeitsklima zu ermöglichen.

Ein großes Problem stellt die Überalterung dar. Die Ressourcen einer Volkswirtschaft sind begrenzt. Sie können nur durch eine gesunde, junge und arbeitende Bevölkerung erhalten werden. Fehlt diese Jugend, muß es zu einem mehrschichtigen Defizit kommen.

Seit dem Krieg, der schon unzähligen jungen Menschen das Leben gekostet hat, sind Millionen Kinder im Mutterleib getötet worden; sie fehlen in unserer Produktionsgemeinschaft. In einem medizinischen Leitartikel stand, daß wir im Zeitalter des rücksichtslosesten Egoismus leben. Die „Selbstverwirklichung" geht vor das Lebensrecht.

Die Prioritäten sind nicht zugunsten des Lebens, der Gesundheit, der Umwelt und des Naturschutzes gesetzt, worden, sondern zugunsten von Vergnügungen, Reichtum, Macht und eines sich immer steigernden Wachstums. Diese Einstellung zum Leben und im Wirtschaftssystem wird weltweit mit aller Brutalität vollzogen.

Zum Glück gibt es überall menschliche Oasen.

Schon seit der Gründung der BRD sind gravierende politische, soziale und wirtschaftliche, finanzpolitische Fehler gemacht worden, die Kettenreaktionen nach sich ziehen, welche auch das Gesundheitsystem betreffen. Einige Beispiele mögen das erläutern:

Die Alterspyramide ist falsch eingeschätzt worden. Für die Beamtenpensionen sind keine Rücklagen getätigt worden.

Henry Kissinger stellte in einem Interview fest, daß in Amerika kein politischer Beamter außer dem Präsidenten eine Pension erhält. Ein Zuschuß zur normalen Pension wäre vertretbar und sinnvoll. 8 Länder(regierungen) müßten für Deutschland ausreichen. Die Länder und Gemeinden haben riesige Kredite für einen oft überzogenen Ausbau ihrer Strukturen aufgenommen, deren Rückzahlung zumindest ungewiß war, und nach heutiger Sicht ausgeschlossen ist, und damit die nächsten Generationen belastet werden. Für Fehlplanungen und - Entscheidungen ist: kein Staatsdiener haftbar zu machen, er sollte auch - dem Wort nach - dem Bürger dienen.

Die gesamte Gesetzgebung (Kranken-, Sozial-, Asyl- ...) ist - mit wenigen Ausnahmen- die großzügigste in der Welt, so daß vorauszusehen war, daß sie auf Dauer nicht zu finanzieren ist.

Die Gesetzes-, Verordnungsflut und die Überbürokratisierung sind so ausgeweitet und kompliziert, daß Fortschritt und Wirtschaft erheblich behindert werden. Wir haben an die Sowjetunion weit über 100 Milliarden DM gezahlt. Weshalb nicht in Industrie-, Wirtschafts- und Konsumgütern. Das wäre unserer Wirtschaft und dem russischen

Volk, das unter dem Krieg furchtbar gelitten hat und mehrheitlich in bitterer Armut lebt, zugute gekommen. In der wirtschaftlichen und politischen Schwäche hätte unsere Regierung evtl. durch geschickte Verhandlungen Ostpreußen, wie etwa Hongkong, zu pachten vermocht, um den Spätaussiedlern aus dem Osten eine neue Heimat zu geben.

Als letztes soll die verfehlte Gesundheits- und Krankheitsgesetzgebung erwähnt werden.

Grundsätzlich falsch war, mit dem Krankenschein eine „Vollkaskoversicherung" dem Patienten in die Hand zu geben. Sie wurde zu einem Selbstbedienungsladen, der von den Kassen im Rahmen des Konkurrenzdenkens noch gefördert wurde. In fast allen Ländern ist eine Selbstbeteiligung üblich.

Bei z.B. 20% hätten die Patienten eine Motivation zur Krankheitsvorbeugung, aber auch eine Kontrolle über die Abrechnung der ärztlichen Leistung, die laufend in der Kritik steht.

Die Patienten würden sich eher bemühen, die Gesundheitskiller wie Rauchen Alkoholmißbrauch, Über- und Falschernährung, unnützen Streß, gefährlichen Risikosport u.ä. zu meiden, wenn erhöhte Steuern auf Alkohol und Tabak erhoben würden. Alles zugunsten einer besseren Volksgesundheit!

Die Lawine der Kostenexplosion ist schwer aufzuhalten. Sie ist aber nicht durch die ärztlichen Honorare verursacht, die seit Jahren stagnieren bzw. rückläufig sind, sondern durch die außerordentlichen Fortschritte, die High-Tech-Medizin, die damit verbundenen hohen Krankenhauskosten, die teuren Spezialmedikamente, z.B. für Aids-Kranke, aber auch durch den zu aufwendigen Verwaltungsapparat verursacht.

Ein gutes Auto kostet mehr Geld als ein einfaches. In der Medizin wollen aber alle die beste Behandlung bekommen. Das ist eben teuer und ohne Selbstbeteiligung nicht zu erlangen.

Würden die Nationen auf die Weltraumforschung verzichten, gäbe es für das Gesundheitswesen der WHO bedeutend mehr Mittel. Wen interessiert es, wie es hinter dem Mars aussieht, ob es dort gefrorenes Wasser gibt?

Welcher einfache Mensch möchte eine Raumstation haben? Und einen gepanzerten Mannschaftswagen?

Für die zig Milliarden der Atomforschung hätte sehr viel für die Menschheit getan werden können.

Kalkar wird ein Vergnügungspark!

Für diese Milliarden hätte jedes 20. Haus eine Sonnenkollektorausrichtung haben können.

Die Atomenergie war nur ein Abfallprodukt der A-Bombenherstellung. Das sind doch siamesische Zwillinge. Prof. Thürkauf, ein ehemaliger Atomforscher schreibt: „Es herrschen in der Welt Hochmut und Eitelkeit. Die Atombombe ist die zweckvollste und sinnloseste Tat der modernen Naturwissenschaft, der weltweite Tod, der Tod, der nicht nur die Leben, sondern das Leben zu töten vermag, der die Heimat des Lebens vernichten kann: Die Erde"! Denken wir an Tschernobyl!

Im Prinzip handelt es sich bei diesen Projekten um Denkvorgänge in genialen Hirnen, die das in der Theorie oft ohne Nutzen für sie - zu einem großartigen „Spielzeug" der High-Tech-Wissenschaftler werden läßt. Die Politiker geben ihren Segen dazu, weil sie auch „mitspielen" und sich einen Namen machen möchten. Das Volk hat kein Mitspracherecht oder -möglichkeit. Diese Ressourcenverschwendung geht auch zu Lasten der Volksgesundheitsvorsorge und - behandlung.

Prof. Thürkauf schreibt weiter: „Jeder Erfolg dieser Forschungen führt zum Hochmut und Verhängnis. Das zeigt die moderne Naturwissenschaft, die in ihrer Eitelkeit - also - Lieblosigkeit - täglich zweckvoller, täglich sinnloser wird. Noch zweckvoller - so versichern uns die Experten - sollen die Taten der Gentechnologie werden".

Sie ist inzwischen in alle Lebensbereiche eingebrochen. In absehbarer Zeit werden in Tieren Ersatzteilorgane und -glieder gezüchtet und liegen dann für Menschen tiefgekühlt auf Abruf bereit.

Wen überkommt da nicht ein furchterregender Schauer?

Diese Wissenschaft und Forschung ist eine Ersatzreligion, an welche diese Wissenschaftler in ihrem Hochmut ohne Gottesfurcht, alles „Machbare" zu erreichen, glauben.

Auf vielen Gebieten sind diese menschlichen „Denkfabriken" mit großer Geschwindigkeit dabei, mit ihrer großartigen Technik, die wunderbare Schöpfung 'Erde' zu zerstören. Aber Gott hat verheißen:

„Er wird über die Verderber der Erde, Verderben bringen"!

Noch geht es den Menschen in unseren Breitengraden, in den reichen Ländern, die es auch nicht mehr sind, zu gut, als dass sie sehr nachdenklich um die Zukunft ihrer Kinder zu fürchten beginnen.

Auch die bedeutenden Persönlichkeiten sehen meist nur in der ungeheuren Vielfalt der Probleme dieser Erde ihren kleinen Bereich. Sie sind nicht frei und mächtig genug, in unseren durch Reglementierungen und Überbürokratie eingeengten Ländern entscheidende Änderungen zu erreichen.

Bei unserem parlamentarischen System, in dem jede Partei mehr verspricht als die andere, bei dem Wissen, daß beide ihre Versprechungen nicht halten können, wird sich nicht viel ändern. Zu rigorosen Einschnitten kann sich keine Regierung entschließen, da sie sonst bei der nächsten Wahl abgelöst würde. Es geht um gut dotierte Machtpositionen.
Die Politiker lassen die Bürger in ihrer egozentrischen Einstellung allein.
Ohne die Verschwendung von Milliarden neben den bereits erwähnten Positionen z.B. beim Umzug nach Berlin mit der Erstellung von Pracht-Regierungs-Bauten, den Beiträgen zur EU, die doppelt so hoch liegen wie diejenigen von England und Frankreich zusammen, den vielfältigen Subventionen, die oft ohne ausreichende Kontrolle gezahlt werden usw. könnte man bedeutend sparsamer wirtschaften. Aber die entsprechenden Beamten erhalten ihr hohes Gehalt und sind nicht haftbar. Das Volk zahlt und schweigt! Weshalb gibt es bei uns nicht die Straßen-Vignette wie in allen europäischen Ländern?

Wie wird sich die Umstellung auf den „Euro" auswirken? Wie die Eingliederung „armer" Staaten in der Zukunft für die europäische Union und Deutschland?
Wie die weiteren Naturkatastrophen und die politischen Eingriffe durch Flüchtlinge, Asylanten und die „Doppelpaßbürger" auf unsere Wirtschaftskraft?

25. PERESTROIKA MIT DER FOLGE VON WIRTSCHAFT-
LICHEN UND GESUNDHEITSPOLITISCHEN PROBLEMEN

Im Jahre 1989 ereignete sich ein Wunder fast biblischen Ausmaßes -
wie es die Eroberung Babylons durch Cyrus war -, das niemand
vorauszusehen und zu erwarten gehofft hatte: Das Sowjetimperium
zerbrach in 15 unabhängige Staaten Gorbatschow hat den Anstoß dazu
gegeben. Wer kannte vor ihm schon die Begriffe Glasnost und
Perestroika?
Die Völker des Ostens standen auf. In der ehemaligen DDR kam es zu
gewaltigen Demonstrationen mit dem Ruf: „Wir sind das Volk"! Die
Regierung war ohne die sowjetischen Panzer machtlos, sie wurde
hinweggefegt. Eine Flüchtlingswelle setzte sich in d en Westen in
Bewegung.
Am 03.10.1990 wurde die Wirtschaftsunion beider deutscher Staaten
beschlossen und vollzogen.
Überschäumende Freude auf beiden Seiten ließ die Wirklichkeit im
Augenblick vergessen, die ungeheure Aufgabe, völlig von einander
getrennte Wirtschafts- und politische Systeme, die 40 Jahre getrennt
waren, und von denen die eine Seite praktisch keine Aktiva einbringen
konnte, zusammenzuführen.
Die Riesenerwartungen, aber auch die Versprechungen erfüllten sich
nur teilweise.
Ich denke da an den Ausspruch meiner Mutter: „Junge freue Dich
nicht zu sehr, um so größer wird Deine Enttäuschung sein"!
Die Bürger der neuen Bundesländer sind enttäuscht, weil sich über die
großen Zusammenführungsgeschenke, wie den großzügigen
Geldumtausch, die Einbindung in das Rentensystem viele zusätzliche
Blütenträume nicht erfüllten. Sie übersehen, daß etwa 1 ½ Billion DM
von den alten Bundesländern bisher zu ihrer Unterstützung
aufgebracht wurden, außerdem, daß nach dem Zerfall des Ostblocks
die Bruderstaaten zu arm sind, ihre Waren zu kaufen, daß diese Waren
qualitativ im Westen nicht abzusetzen gewesen wären.
Sie nehmen nicht wahr, daß die riesigen Staatsschulden der
Bundesrepublik wesentlich durch die Zusammenführung entstanden
sind.
„Ohne Vergangenheit gibt es keine Zukunft", sagte ich eingangs, und
ohne einen Glauben an die eigene Kraft, den Willen, das Schicksal zu
meistern, wird der Glaube an die Zukunft verloren.
Die Hoffnungslosigkeit ist der Wegbereiter für Krankheiten und
Depressionen.

Das Leben geht weiter und ohne ein Handeln über einen hinweg. Es wird immer seine Probleme haben, aber man muß bemüht sein, die Gesundheit auf einen Höchststand für seine Person zu bringen, dann können die Probleme auch nach Durststrecken gelöst werden.

Nach dem Grundgesetz hat jeder Mensch ein Recht auf Leben und körperliche Unversehrtheit.

Ein neuer Patient, der mit einer zu großen Erwartungshaltung zum Arzt kommt, wird sie selten erfüllt erleben, weil sie oft irreal ist. Ebenso ist es in der Politik.

Es besteht die ärztliche Verpflichtung, die Patienten ausreichend, zweckmäßig und wirtschaftlich zu behandeln. Das führt zwangsläufig zu Konflikten zwischen den Ärzten, den Krankenkassen, dem Gesetzgeber und den Patienten.

Bei dem erforderlichen wirtschaftlichen Denken der Ärzte, das notwendig ist, bleibt die echte Heilkunst auf der Strecke. Da kein ausreichendes volkswirtschaftliches Potential zur Verfügung steht, muß rationiert und rationalisiert werden.

Sind 100.000 Herzkatheter zwingend angezeigt?

Wenn ja, wo kann gespart werden? Auf Kosten der Qualität? Der Prävention? Auf Kosten der Alten und Schwerkranken? Diese Frage stellt sich, wenn bekannt ist, daß etwa die Hälfte der gesamten Gesundheits- Wiederherstellungskosten in den letzten 6 Monaten vor dem Tode anfallen.

Kann es menschlich, religiös, medizinisch und finanzpolitisch verantwortet werden, einen alten, schwerstkranken Patienten bei dem keine wahrscheinliche Chance besteht, daß er ein menschenwürdiges, geistig waches Leben wiedererlangt, auf der Intensivstation zu halten, nur um sein Leben eine kurze Zeit zu verlängern, und ihn möglicherweise soweit herzustellen, daß er noch eine gewisse Zeit auf einer Pflegestation vegetiert? Es kann durchaus humaner sein, den biologischen Verlauf nicht zu ändern, vor allem, wenn der betreffende keine Angehörigen mehr hat.

„Der Mensch hat ein Recht zu sterben", das war ein sehr zu beachtender Vortrag von Prof. v. Kreß kurz nach dem Krieg.

Diese Frage bewegt international verantwortungsbewußte Ärzte. Es sind Ethikkommissionen ins Leben gerufen worden, die über dieses und ähnliche Probleme beraten. Eine absolute Lösung kann es nicht geben.

Die alten Menschen sind eine Belastung für die Gesellschaft. Der Jugend sollte aber bewußt sein, daß es ihr nur durch die schwere entbehrungsreiche Arbeit der Nachkriegsgeneration heute so relativ gut geht. Es ist zu bezweifeln, daß diese Leistungen der „Alten" heute noch vollbracht werden wollten und könnten. So habe ich 7 Jahre lang über 100 Wochenstunden in einem Unfallkrankenhaus gearbeitet für einen Lohn, der unter dem liegt, den jetzt ein Handwerkerlehrling erhält.

Diese vorangegangenen Erörterungen betreffen fast existentiell auch die Charité. Es ist nicht vorzustellen, daß durch ein grundsätzliches Umdenken die finanzpolitische Situation entschärft wird.

Sind evtl. die Bürger in der Lage, weitere Kosten zu tragen? In der Lage schon, zumindestens ein wesentlicher Teil des Volkes, wenn man folgende Statistik liest: Ob Greis, Säugling oder Bürger sind 1995 für Auslandsreisen 77 Milliarden, für Tabak 36 Milliarden ausgegeben worden, und jeder Zweite besitzt ein KFZ.

Die Menschen sehen die Realitäten nicht und wollen es auch nicht, auch werden sie nicht realistisch und konkret aufgeklärt. Ein Versäumnis vieler Seiten.

Sie nehmen ihre Gesundheit als Geschenk, das in der Pflege nichts kosten soll, und nicht als Verpflichtung.

Bedauerlicherweise haben die Ärzte in Praxis und Klinik aus ökonomischen Zwängen nicht die Zeit, die Patienten in ausreichendem Maße zu gesundheitsbewußter Lebensführung zu motivieren, und daß die Zeit der „Vollkaskoversicherung „ vorüber ist.

Die High-Tech-Medizin hat in Diagnose und Therapie ungeahnte Höhen zur Verbesserung der Lebensqualität und - Verlängerung erreicht, jedoch mit hohen Kosten, welche von der Solidargemeinschaft getragen werden. Doch das hat Grenzen, die erkannt worden sind. Die Folge war die Gesundheitsreform, über die schon gesprochen wurde.

Eine Notiz hat mich aufgeschreckt, die sicher ähnlich in Deutschland aussieht. „In Frankreich fallen jedes Jahr 22.500 Tonnen nicht benutzter Medikamente an. Dieser „Medikamentenmüll" entspricht ungefähr 40 % des Gesamt-Arzneimittelmarktes".

Ein Beispiel: Eine Patientin kam nach 4-wöchigem Klinikaufenthalt in meine Praxis mit einem prall mit Medikamenten gefüllten Honigglas und sagte: „Wenn ich das alles genommen hätte, wäre ich bestimmt heute tot, lieber Herr Doktor". Kein Kommentar! Die Kollegen in der Klinik glaubten, die nicht genommenen Medikamente hätten ihren Zustand gebessert.

Hier liegt sicher ein großes Einsparungspotential in der Compliance. Damit sind wir wieder beim Zeitproblem: Die sprechende Medizin des Arztes ist ein entscheidender Heilfaktor.

Alles im Medizinsektor unterliegt einem Sparzwang. Deshalb ist die Gesundheitsreform mit den Kostendämpfungsgesetzen ins Leben gerufen worden. Nun, wie sehen die Erfolge aus? Es sind Einsparungen in allen Bereichen, z.T. durch rel. hohe Zuzahlungen der Patienten erzielt worden, Aber, ja aber? Inzwischen haben sich durch Rationalisierung 40.000 Arzthelferinnen arbeitslos gemeldet, in Massage- und Krankengymnastikpraxen sieht es auch nicht gut aus. Jedes fünfte Krankenhaus in kommunaler Trägerschaft hat seine Pforten geschlossen.

Die Kurorte sind besonders schwer betroffen. Es wird von einem Arbeitsplatzverlust von ca. 50.000 Kräften aller medizinischen Bereiche berichtet. zahlreiche Kliniken, Sanatorien und Reha-abteilungen sind geschlossen. Die Infrastruktur der Kurorte ist erheblich geschädigt.

Eine spätere Bilanz wird zeigen, ob die „Kostendämpfung" im Gesundheitswesen nicht eine weiter reichende Dämpfung als nur ein Verlust an Arbeitsplätzen, Steuerausfällen und Minderung des Gesundheitsstandards gebracht hat.

Eine reale Dämpfung der Staatsausgaben könnte die Situation mit Wahrscheinlichkeit ändern, ist aber nicht zu erwarten.

26. HAT DIE GUTE ALTE CHARITÈ EINE ZUKUNFT?

Somit ist unsere Charité von dieser Entwicklung nicht ausgeklammert.
Berlin hat zu viele Krankenhausbetten, ja Abteilungen. Im Osten war
die Charité konkurrenzlos, nur das Großklinikum Buch hatte eine
ergänzende Bedeutung neben ihr.
Jetzt trat die Moderne des Westens auf den Plan. Der Senat von Berlin
steht vor einer schier unlösbaren Aufgabe, die 4 großen Klinikbetriebe
neben den zahlreichen kleineren, auch finanzpolitisch zu halten. Ein
großer Betten-, Personal- und Krankenhausabbau brachte eine gewisse
Erleichterung, aber nicht die Lösung.
So hat man sich entschlossen, die altehrwürdige Charité und das
Rudolf-Virchow-Klinikum zu einer gemeinsamen Charité zusammen
zu fassen. Damit geht gewiß ein weiterer Stellenabbau konform,
hoffentlich nicht ein Verlust an Qualität und Intimität, zugunsten der
High-Tech-Medizin, vor der sich der einfache Patient, einem
Urinstinkt folgend, fürchtet.
Die Konkurrenz der Westkliniken ist beträchtlich. Das Rudolf-
Virchow-Klinikum ist mit modernster Technik zu einer Institution
ausgebaut worden, die in Europa beispielhaft - und teuer ist.

Die ganze Entwicklung wird jeden, der die großen Lehrer, Gelehrten
und Wissenschaftler der vergangenen Generation erlebt hat, mit tiefer
Wehmut erfüllen. Damit ist nicht gesagt, daß die in der Charité bisher
geleistete und noch geleistete Arbeit nicht von hoher Qualität und
Humanitas gewesen und noch immer ist. Die Herzchirurgische
Abteilung hat in der Welt einen exzellenten Ruf; gewiß sind auch
andere Abteilungen und Kliniken hochqualifiziert. Im einzelnen kann
ich hierüber keine Aussage machen.
Ich könnte mir vorstellen, daß die Arztpersönlichkeit in der Charité
noch einen besonderen Stellenwert hat.

Es ist nur zu hoffen, daß, wenn die Bundesregierung endgültig nach
Berlin zieht, Berlin wieder zu einer europäischen Hauptstadt wird, ein
großes Handelszentrum entsteht, damit sich eine gesündere
wirtschaftliche Basis für alle Lebensbereiche entwickelt.

Die altehrwürdige Charité kennt die ganze Welt; wer die anderen
Kliniken?
Sie wird bei aller Konkurrenz einen ersten Platz zum Wohle der
Patienten das große Zentrum der „Barmherzigkeit", die „Charité"
bleiben: Altehrwürdig und ewig jung!

27. Quellenverzeichnis der eingefügten Photos

Titelblatt : Charité : Podszus, Werner
          Russ.Soldaten : Damals Heft 10/1977 , Gießen, aus:
              Bildarchiv Preuß.Kulturbesitz

Hinteres Umschlagbild : Podszus, Werner

Bilder des Vorwortes : Podszus, Werner

Abb.1, 14 u. 17: Brugsch, Th., Arzt seit 5 Jahrzehnten, 1. Auflg.,
          Pößneck 1957

Abb. 2: Jaeckel, G., Die Charite, Ullstein Sachbuch, Berlin 1995

Abb.,3 u.12: Sauerbruch, F., Das war mein Leben, Kindler u. ,
          Schiermeyer, Bad Woerishofen 1951

Abb.,4 Illustrierte Zeitung, Berlin 1938

Abb. 5, 8, 9(eigene Postkarte), 14, 18, 22, 25 – 32, 34,   Podszus
          Werner

Abb.6 : Stieve, Hermann, v. Sohn übereignet
Abb.7 : Duden, Bibliographisches Institut, Mannheim 1976
Abb.10,11, 13 : Damals Heft 10/1977, a.a.O. :
Abb. 16, 19, 20, 21, 23, 24, 35, Arani Verlags GmbH, Berlin-
          Grunewald 1955
Abb.15, 17, : Brugsch, T., Arzt seit 5 Jahrzehnten, 1.Auflg., a.a.o.
Abb.33 : Berliner Illustrierte Zeitung, April 1987

Für die hier gelisteten Fotos hat der Autor, Dr. Werner Podszus das Urheberrecht, oder die Genehmigung von den Urheberrechtseigentümern erhalten diese Fotos in seinem vorliegenden Buch zu nutzen.

Kassel, im März, 2000

Gez. Dr. Werner Podszus

TEILANSICHT DER CHARITÉ